Méditations

Sylvia Browne

Copyright © 2000 Sylvia Browne
Titre original anglais : Meditations
Copyright © 2007 Éditions AdA Inc. pour la traduction française,
Cette publication est publiée en accord avec Hay House, Inc.
Tous droits réservés. Aucune partie de ce livre ne peut être reproduite sous quelque forme que
ce soit sans la permission écrite de l'éditeur, sauf dans le cas d'une critique littéraire.
Syntonisez Radio Hay House à www.hayhouseradio.com

Éditeur : François Doucet
Traduction : Normande Poirier
Révision linguistique : Hélène Taraire
Révision : Nancy Coulombe, Suzanne Turcotte
Design : Ashley Parsons
Illustrations : Caroline S.
Graphisme : Matthieu Fortin
ISBN 978-2-89565-610-4
Première impression : 2007
Dépôt légal : 2007
Bibliothèque et Archives nationales du Québec
Bibliothèque Nationale du Canada

Éditions AdA Inc.
1385, boul. Lionel-Boulet
Varennes, Québec, Canada, J3X 1P7
Téléphone : 450-929-0296
Télécopieur : 450-929-0220
www.ada-inc.com
info@ada-inc.com

Diffusion
Canada :   Éditions AdA Inc.
France :   D.G. Diffusion
                ZI de Bogues
                31750 Escalquens Cedex-France
                Téléphone : 05.61.00.09.99
Suisse :   Transat - 23.42.77.40
Belgique :   D.G. Diffusion - 05.61.00.09.99

Imprimé en Chine   SODEC

Participation de la SODEC.
Nous reconnaissons l'aide financière du gouvernement du Canada par l'entremise du Pro-
gramme d'aide au développement de l'industrie de l'édition (PADIÉ) pour nos activités d'édition.
Gouvernement du Québec - Programme de crédit d'impôt pour l'édition de livres - Gestion
SODEC.

Catalogage avant publication de Bibliothèque et Archives nationales du Québec et Bibliothèque et Archives Canada

Browne, Sylvia

        Méditations

        Traduction de: Meditations.

        ISBN 978-2-89565-610-4

        1. Méditations. 2. Society of Novus Spiritus (Campbell, Calif.). I. Titre.

BL624.2.B7614 2007   204'.32   C2007-941085-5

méditations
méditations
méditations
méditations
méditations
méditations
méditations
méditations
méditations
méditations
méditations
méditations
méditations

méditations

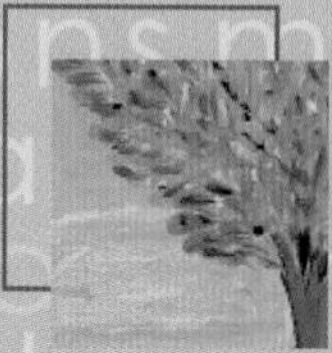

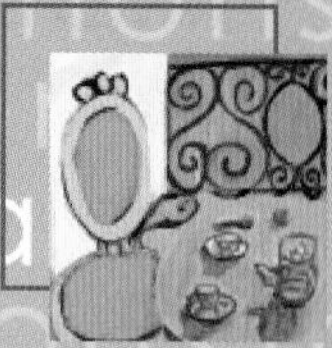

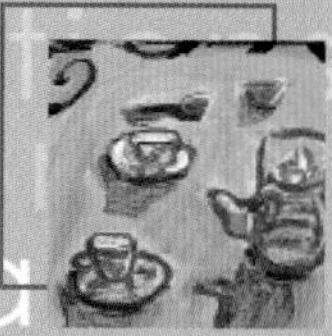

TABLE DES MATIÈRES

Introduction :

méditations
méditations
méditations
méditations
méditations
méditations
méditations
méditations
méditations
méditations
méditations
méditations
méditations
méditations
méditations
méditations
méditations
méditations
méditations
méditations

Comment méditer

de Sylvia Browne

(Sylvia a fondé l'Église *Society of Novus Spiritus*, située à Campbell, en Californie. Les méditations proposées dans ce volume s'appuient sur les doctrines de cette Église.)

Une grande part du processus de la méditation s'effectue par les sens. De nombreuses personnes à qui on demande de faire de la visualisation disent qu'elles ne savent comment faire, ou bien qu'elles ont déjà essayé sans trop de succès. Comme je l'ai souvent dit, si vous êtes en mesure de vous représenter intérieurement un parcours que vous venez de franchir en voiture, alors vous pouvez visualiser. Cependant, il est rare que l'on visualise en brillantes couleurs. Pour cela, il faut parfois beaucoup de pratique. Après tout, nous voyons les choses de notre œil *intérieur* et non avec nos yeux physiques !

Nous pouvons aussi recevoir des messages par infusion : un processus par lequel une pensée se manifeste dans notre esprit. Fréquemment, nous nous demandons d'où viennent certaines pensées. Bref, quand nous imposons le silence au bavardage continuel de notre esprit, nous ouvrons nos canaux de communication aux compagnons invisibles, et aimants, cheminant

nant à nos côtés dans l'existence. Notre compagnon le plus fidèle est notre guide spirituel, le messager de Dieu auprès de nous. En pratiquant, nous pouvons rencontrer notre guide grâce à la méditation.

Essentiellement, la prière consiste à demander quelque chose à Dieu, alors que la méditation consiste à écouter la réponse. Débarrassez votre esprit de toutes idées préconçues concernant ce à quoi vous attendre, ou ce dont vous pouvez faire l'expérience. Utilisez la technique de relaxation suivante comme un outil pour vous préparer aux méditations proposées dans ce volume, puis laissez la beauté se répandre dans votre conscience.

Entourez-vous de la lumière de l'Esprit saint (de Dieu, ou de l'entité qui est votre Puissance supérieure). Assoyez-vous, les pieds à plat sur le sol, le dos confortablement appuyé à votre fauteuil. Desserrez vos vêtements. Placez vos mains, la paume vers le haut, sur vos cuisses (cela aide à vous ouvrir pour recevoir la grâce). Pour amorcer la relaxation, prenez une profonde respiration. Puis, respirez régulièrement, comme au moment de vous endormir. Unifiez vos pensées et vos émotions.

Commencez à détendre la base des pieds. Sentez la détente monter le long de vos chevilles, de vos mollets, de vos genoux, et de vos cuisses. Dites-vous intérieurement : *je veux me libérer du stress ; je veux que la détente monte plus haut dans mon tronc et se répande dans tous les organes de mon corps. À chaque respiration, je sens l'énergie, la guérison et le pouvoir couler en moi.*

Vous obtiendrez la paix et la tranquillité si vous le demandez. Cette technique n'a rien de compliqué. De bas en haut jusqu'au cou et ensuite on redescend vers les épaules, les bras, les avant-bras, les mains, et le bout des doigts. Puis, on remonte vers le visage, la bouche, le nez et les yeux.

Vous pouvez inclure dans cette technique une ou plusieurs lumières de couleur. Généralement, de la base de vos pieds, vous faites remonter vers le haut une lumière balayant sur son passage tout votre stress, votre anxiété, vos peurs, ou autres émotions négatives. Le vert est la couleur de la guérison. Plusieurs des méditations proposées dans ce volume illustrent comment utiliser d'autres couleurs à des fins diverses. Terminez dans le haut du corps et sortez de la méditation en comptant jusqu'à trois.
Les possibilités et les bénéfices de la méditation sont illimités; détendez-vous et savourez-les !

NOTE DE L'ÉDITEUR : Dans les méditations de ce livre, le nom « Azna » est utilisé à certains moments pour désigner la Déesse-mère, et «Om» désigne Dieu le père.

13

Méditations
hebdomadaires

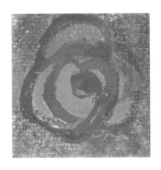

Le radeau de sécurité

Imaginez que vous flottez sur le dos dans des eaux chaudes, insouciant. Vous regardez le ciel et les nuages au-dessus de vous, et vous sentez que vous ne faites qu'un avec Dieu. Bientôt, toutefois, vos yeux brûlent un peu et votre dos se fatigue. Vous hésitez à vous retourner, car vous ne savez pas si vous pourrez nager. Comme cela arrive dans la vie, vous êtes devant un dilemme : continuer de flotter, ou prendre le risque de vous retourner.

La question est que, sur le dos, vous ne voyez pas où vous allez. Comme dans la vie, vous manquez de perspective. C'est très décevant, ce point de vue particulier qui ne donne pas une vue d'ensemble de l'endroit où l'on est. Pas de paysage, pas de point de contact avec la terre ferme. Intérieurement, comme toujours, vos pensées et vos émotions s'affrontent : est-il préférable de flotter ou pas ?

Impossible de vous détendre. Y a-t-il des rapides plus loin ? Des arbres le long du littoral ? Vous décidez alors de vous retourner : vous ne pouvez faire autrement. Et, soudain, vous voyez les deux côtés de la rive, la silhouette des arbres se profilant dans le ciel, les rochers, le léger tourbillon du courant, et le daim sur la berge du fleuve.

Toutes ces choses semblent venir vers vous. Pour ne pas couler, vous vous mettez à patauger énergiquement. Et vous prenez conscience que la fatigue occasionnée importe peu, car, cela vaut beaucoup mieux que de se laisser flotter, et de n'être rien. Tandis que votre fatigue augmente, vous avez une révélation : même si vous coulez, le simple fait d'avoir aperçu toute cette beauté vous entourant en aura valu la peine.

Au moment où tout espoir semble éteint, comme poussé par une main géante, un radeau vient vers vous. Vous êtes si épuisé que vous criez presque de soulagement en vous accrochant au radeau. Quelle magnifique sensation de sécurité, quelle euphorie ! Comme toujours, cela se passe entre vous et votre Dieu, seuls. Dans les moments les plus sombres et épuisants, il y a un radeau.

Ce radeau représente ce que nous sommes les uns pour les autres. À bord du radeau, nous voyons les différents points de vue. Nous nous y maintenons en tendant la main aux autres, en nous aimant et en prenant soin les uns des autres.

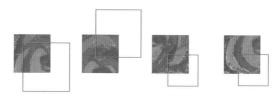

2

La dualité

Je souhaite aborder une vérité fondamentale qui trop souvent passe inaperçue. Méditez sur ce qui suit durant une semaine, votre manière de voir la vie en sera peut-être radicalement transformée. Voici : dans la nature, tout chose est duale. Les anciens avaient compris le pouvoir de la dualité. Seulement, les sociétés patriarcales ont créé des divisions et du déséquilibre.

Si Dieu le Père existe, la Déesse-mère existe aussi. S'il existe un principe divin masculin alors le principe féminin existe aussi. Il doit en être ainsi. Repensez à toutes les fois où vous avez entendu que l'humanité avait été créée « à l'image et à la ressemblance de Dieu » : le concept de dualité vous est alors certainement venu à l'esprit.

Si vous souhaitez devenir plus clairvoyant, ou si vous souhaitez accroître la maîtrise de vos forces créatrices, il vous faut faire face à la vérité suivante : votre être a une nature à la fois féminine et masculine. De plus, si vous avez un corps de femme, votre participation au principe féminin a des conséquences encore plus considérables. Quoi qu'il en soit, il faut accepter que, tous et chacun d'entre nous, femme ou homme, nous devions invoquer, à la fois, le principe féminin, et le principe masculin, qui sont extérieurs à nous, les respecter et leur rendre hommage. La réciprocité est une nécessité spirituelle.

Si vous ne vous efforcez pas de glorifier et de fortifier ces deux principes, vous allez créer un déséquilibre en vous et votre croissance spirituelle en sera entravée.

3

La bénédiction de la mère

Voici une méditation appelée l'Éveil matinal, quoiqu'elle n'ait rien à voir avec le matin. C'est simplement un nom qu'on lui donne. Imaginez que vous marchez dans l'herbe fraîche. Vous vous dirigez vers ce qu'on appelle le château de l'Éveil. C'est un édifice de style grec dont les murs sont en or.

Imaginez les sensations que vous éprouvez en montant les marches pieds nus. Vous aper- cevez ensuite une immense salle bleue. Une merveilleuse lumière bleue émane d'un endroit près du plafond. Imaginez la sensation que vous avez maintenant. Vous êtes seul, il n'y a personne d'autre que vous. Vous vous dirigez vers un faisceau doré splendide. Vous prenez conscience de la lumière et d'une présence. D'abord, en avançant, vous ne la percevez pas. Cependant, en vous approchant, vous sentez qu'une lumière dorée émerge du faisceau. Une ouverture se crée au sommet de votre tête, et voilà que le Père est devant vous et vous inonde de sa lumière qui vous est familière. Vous L'avez toujours aimé, et vous sentez en retour l'amour, indéfectible et indestructible, qu'Il a pour vous. Maintenant, Il ouvre les bras, et Il vous enlace. Les sentiments que vous éprouvez pour Lui, et l'amour dont Il vous gratifie en retour, vous gonflent le cœur.

Portez attention à votre respiration, car durant ces moments d'extase, vous pourriez oublier de respirer. Tandis que vous reculez de quelques pas, vous prenez conscience de la présence superbe de la Déesse-mère. Ici, la chaleur est plus amicale. Vous sentez une plus grande proximité, et l'étreinte est plus intime, car Elle est émotion. Vous tendez les bras vers Elle, et Elle vous prend dans les siens. D'Elle émanent chaleur et bonté, auxquelles se mêlent beauté et amour maternel.

Vous reculez et sentez qu'une clé d'amour dorée est gravée comme un blason sur votre poitrine : ce présent vient de notre Dieu et de notre Déesse qui sont merveilleux, glorieux, saints, et tout-puissants. Ils vous aiment d'un amour total, indéfectible. La joie de cet amour fait chanter votre âme, et dissipe toutes les inquiétudes et les craintes qui font partie de votre vie quotidienne.

4

Le lotus

Paumes vers le haut, sur vos cuisses, et détendez-vous. Au cours de cette méditation, vous allez réciter une prière supplémentaire pour aider toutes les personnes que vous pouvez aider. Vous allez pénétrer le cercle des personnes autour de vous pour créer de l'amour et faire naître la guérison maintenant. Afin de savoir s'ils ont senti un mieux-être, la prochaine fois que vous les verrez, ce serait une bonne idée de parler de ce que vous avez fait aux gens pour qui vous avez prié.

Entourez-vous d'un rideau argenté. Cependant, ne laissez pas le bas du rideau ouvert : fermez-le d'un nœud imaginaire passant sous vos pieds. Puis, créant un cercle argenté et diaphane, élargissez le rideau autour de vous. Et, laissez-le ouvert au sommet où, une pyramide dorée apparaît juste au-dessus de vous, la pointe dirigée vers le bas, vers vous, et la base s'ouvrant vers le haut. Cette pyramide est un conduit par lequel vous recevrez une infusion. Tandis que le rideau argenté et vaporeux tourbillonne autour de vous, concentrez-vous très fort et imaginez que vous avez une graine plantée au centre du plexus solaire. En même temps, prenez une grande respiration, et recevez le rayon d'or venant de la pyramide, au sommet de votre front, et faites-le descendre jusqu'à cette graine.

La graine est d'un beau brun, riche et velouté. Sous l'effet du rayon de lumière, elle s'ouvre en une fleur de lotus. Les magnifiques pétales de cette fleur sont d'un ton rose fuchsia avec une touche de violet au centre, et elles pointent vers le haut. La fleur de lotus était vénérée par les anciens, dans les traditions asiatiques, pour sa beauté et la protection qu'elle apporte.

Imaginez maintenant un bouton vert au milieu de votre gorge. Transpercé par la lumière dorée, il s'épanouit en une rose magnifique, d'abord, rose pâle, devenant ensuite graduellement d'un brillant cramoisi, jusqu'à prendre une couleur rouge veloutée superbe. Tandis que le voile diaphane continue de tourbillonner autour de vous et sous vos pieds, laissez-vous pénétrer du caractère sacré de ces fleurs lumineuses, et de la luxuriance de leur arôme pénétrant tout votre être.

5

Une cape d'amour

Revenons au rideau de lumière d'argent de la méditation précédente. Sentez les fleurs s'épanouir en vous. Imaginez le voile vous entourant s'étendre et se mêler aux voiles d'autres personnes, formant à la base une immense tente de lumière. Cette dernière brille comme une perle en son centre, et reflète un éclat opalescent. Déplacez-vous dans la pièce, très lentement d'abord, et tournoyant de telle sorte que tous, y compris vous et moi, sommes emportés dans un immense tourbillon de prismes de lumières colorées. Ces lumières nous transmettent leurs pulsations et nous donnent un regain de jeunesse.

À présent, imaginez sur votre front un bouton rougeâtre incroyablement minuscule qui, sous l'effet de la lumière dorée, s'épanouit en une feuille d'un vert velouté, puis en deux, et ensuite en trois feuilles. Celles-ci s'étalent magnifiquement. Votre chakra principal est vert émeraude ; il déborde de vitalité. Vous sentez maintenant un très gros noyau dans la région de vos organes reproducteurs. C'est le chakra donnant la vie. Quand la lumière dorée le pénètre, il se transforme en une rose d'un blanc pur. Et la feuille qui vient s'y accrocher est porteuse d'une pureté et d'une protection exceptionnelles.

À votre droite, vous prenez conscience de la présence de l'archange Michael, l'épée à la main, prêt à vaincre toutes les forces négatives.

Et, à votre gauche, se trouve votre guide spirituel qui s'est déplacé à cet endroit par respect pour Michael. Vous êtes tous enveloppés d'une cape d'amour et vous bénéficiez d'une protection magnifique et permanente.

Vos fleurs s'épanouissent, la lumière dorée descend en vous, et vous prenez conscience de la beauté éclatante du visage de Michael. Tant de guides veillent sur vous et prient pour vous ! Les tensions et la noirceur s'évanouissent grâce à la lumière omni-présente de l'Esprit saint descendant en vous et vous infusant sa bonté. Votre nom est maintenant écrit sur une tablette d'or ; une entente est conclue entre Dieu, vous, et votre guide : un contrat stipulant solennellement que vous êtes à la recherche de vérité et de lumière.

Que Dieu vous bénisse !

23

La flamme violette

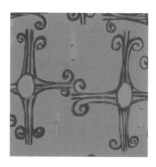

Je souhaite maintenant que vous respiriez, et laissiez monter de dessous vos pieds une poussée de détente, laquelle emporte tous vos malaises sur son passage. Demandez d'être débarrassé de toute trace de négativité et de tout ce que vous traînez de votre vie passée vous causant phobies et maladies. À partir de ce moment, vous devenez aussi dépendant de la spiritualité que je le suis. Voilà probablement que vous connaissez la plus belle euphorie que vous n'ayez jamais connue !

Assoyez-vous et détendez-vous. Demandez d'être entouré d'une bulle de lumière. Imaginez que vous êtes assis au centre d'une flamme violette, dans laquelle vous êtes englouti, comme

si vous étiez au centre d'une fleur de lotus épanouie. Le violet est la plus belle couleur. Quand l'âme et l'esprit sont
réunis, le corps suit.

Cette flamme violette vous purifie de toute trace de négativité et de tout dépôt laissés par vos existences passées. Vous laissez tomber tous les sentiments de votre passé : blessures, vengeance, isolement, victimisation. Les vibrations de la lumière débarrassent votre corps, votre esprit, et votre âme de toutes maladies. Dites-vous intérieurement : *mon âme n'est jamais malade. La maladie n'est qu'une couverture. Je la laisse tomber de moi grâce à la puissance du Saint-Esprit et à la Conscience du Christ.*

À présent, vous sentez l'énergie monter de dessous vos pieds, et circuler à travers vos mollets, vos genoux, vos cuisses, et votre tronc. Cette énergie guérit tous vos organes. La lumière circule maintenant jusqu'à vos épaules, vos bras, vos mains, et le bout de vos doigts ; elle remonte ensuite à votre gorge, votre visage, votre bouche, vos sinus, vos yeux, et à l'arrière de votre tête et de votre cou. Demandez d'être débarrassé, par la puissance du Saint-Esprit, des derniers vestiges de maladie, de phobie et de peur qui restent.

À partir de maintenant, votre état s'améliorera et vous rehausserez votre estime de vous-même. Vous éprouverez de l'amour pour vous-même.

Les lumières divines dorée et violette

Rien ne vous perturbe. Rien ne vous préoccupe. Imaginez-vous dans une pièce minuscule, petite sans être exiguë. Assoyez-vous sur le sol de cette pièce intérieure, et sentez la présence de Dieu. Vous êtes une étincelle de la flamme divine. Cette sensation se répand à l'extérieur de vous, et toute la pièce se remplit de la lumière émanant de tout votre corps, lequel n'est rien de plus qu'un instrument bien imparfait. Néanmoins, il abrite votre âme, c'est pourquoi vous vous efforcerez de le garder en bon état le plus longtemps possible.

Laissez cette lumière vous nettoyer de tous vos soucis : finances, enfants, belle-famille, conditions de vie, peur de l'inconnu, peur d'être blessé. Laissez-la vous débarrasser de toutes vos terreurs phobiques. Et, dans cette pièce, faites entrer, un par un, ceux que vous souhaitez protéger. Faites entrer ceux qui ont besoin d'un mieux-être dans leur vie, et ceux qui ont besoin d'une guérison. Laissez la lumière baigner ceux qui souffrent, ceux qui sont malades, ou simplement les personnes que vous désirez protéger et de qui vous souhaitez vous souvenir. Faites-les baigner dans des rayons de lumière dorée et violette. Tous s'illuminent.

Sentez que vous êtes omniprésent, et sentez la vérité habitant votre cœur, votre centre christique, votre gnosticisme. Tous les ravages causés par la peur, l'hostilité et le désir de vengeance se dissipent. Rien ne peut vous blesser.

La séance
de guérison

Entourez votre corps et l'espace autour de vous de lumières blanche, dorée et violette. Respirez très profondément et portez attention à la puissance qui vous anime. Une fois totalement détendu, imaginez une ouverture se formant au sommet de votre tête.

Sentez l'énergie pénétrer en vous et répandre une lumière dorée à travers votre tête, votre visage, et vos épaules, comme si du chocolat doré ou du miel coulait goutte à goutte dans votre corps, vous englobant et vous apportant la guérison. Et, sentez la force venir vous habiter ; la peur et l'anxiété disparaissent. Vous inspirez et expirez, envahi par une paix tranquille. Vous sentez la lumière s'écoulant dans votre dos, vos cuisses, vos genoux, et vos chevilles ; la lumière dorée liquide vous fait déborder de paix tranquille. Rien ne vous perturbe. La lumière vous enveloppe.

Je souhaite maintenant que vous visualisiez du bleu. Le bleu est la couleur de la tranquillité, de la paix et du calme. Prenez ensuite un rayon de brillante lumière verte, et dirigez-le vers votre tronc, lequel contient vos chakras : les chakras pinéal, pituitaire, thyroïde, pancréas, et celui des organes reproducteurs. À mesure que la lumière verte descend dans votre corps, vous éprouvez une grande détente. Comme si vous étiez dans un ascenseur : dix, vous descendez profondément en vous ; neuf, rien ne vous perturbe ; huit, la Conscience de Dieu grandit en vous ; sept, l'Esprit est avec vous ; six, votre corps est exempt de toutes maladies ; cinq, votre respiration est régulière ; quatre, vous arrivez ; trois ; deux ; un ; zéro. Vous descendez de l'ascenseur. Il y a un tapis bleu dont la sensation est exquise sous vos pieds nus. Vous marchez lentement dans le couloir jusqu'à la porte.

— Frappez et on vous ouvrira, comme l'a dit Jésus.

Ouvrez la porte, et entrez dans une splendide pièce bleue. Un lustre circulaire de vitraux de couleurs or, vert, blanc, violet et bleu est accroché au plafond. Vous avancez dans la pièce et vous vous rendez compte qu'un lit recouvert d'un drap blanc se trouve au centre. Vous montez sur ce lit et vous vous allongez sur le dos regardant les magnifiques vitraux du lustre, lequel se met à bouger et à tourner. Un rayon de soleil luit derrière les vitraux. Voilà maintenant que les rayons de lumière colorée brillent sur vous comme des soleils ; d'abord, le bleu : royal, fort et apaisant ; ensuite, l'or : spirituel et élevant l'esprit ; puis, le violet : la forme la plus élevée de spiritualité, gardant Dieu au centre de votre être ; le blanc : symbolisant la pureté et le Saint-Esprit ; et enfin, le vert, circulant dans tout votre corps et guérissant toutes les cellules malades.

De l'ombre émergent vos guides, les docteurs vous apportant les soins et la guérison. Ils s'approchent de votre couche avec amour et posent les mains sur vous, attentionnés. Ils touchent de leurs mains toutes les parties malades de votre corps, et atteignent même des régions dont vous n'aviez pas conscience. Lors de cette séance de guérison, grâce à ces mains posées sur vous, vous retrouvez toute votre vitalité.

Laissez les couleurs s'élever en spirales et circuler à travers tout votre corps. Vous pouvez inclure dans cette séance de guérison toutes les personnes que vous souhaitez, et grâce à votre visualisation, elles feront la même expérience de guérison que vous. Vous éprouvez maintenant une grande paix ; il n'y a plus rien à craindre. Vous n'êtes jamais vraiment seul, quoique parfois, il vous arrive de vous sentir ainsi : étant né, ayant vécu, et étant décédé, sans personne à vos côtés. Mais vous n'êtes pas seul. Le monde est peuplé d'esprits qui vous aiment et d'un Dieu qui ne cesse jamais de vous aimer, et qui vous garde constamment près de son cœur plein de bonté. De plus, vous êtes habité de la Conscience christique, et l'Esprit saint pénètre chacune de vos cellules.

Faites l'affirmation suivante :
— Je suis guéri et je n'ai aucune crainte. La ferveur m'inspire. Je suis entier, positif et aimant. Je suis guéri et je n'ai aucune crainte.

Jésus et
votre guide spirituel

Vous marchez le long d'une falaise sablon-
neuse. Soudain, une brume s'élève de l'eau et
vous sentez la présence de Jésus à vos côtés.
Tous deux, vous apercevez un sentier descendant vers une magnifique plage. Vous atteignez

la plage, et vous vous assoyez sur le sable, le dos confortablement appuyé contre un palmier.

Jésus place sa main sur les vôtres, puis jette un regard de côté et se déplace vers l'ombre. Il fait apparaître un superbe rayon de lumière. Vous vous rendez compte que ce rayon de lumière est une entité. Un esprit. Comme l'esprit et Jésus viennent vers vous, vous reconnaissez cet esprit. Cet esprit est peut-être un être cher disparu, quelqu'un qui est passé dans l'Au-delà, ou votre guide spirituel. Recevez l'amour qu'il vous donne. Jésus place la main de votre guide dans la vôtre. Vous serrez cette main, et vous sentez l'amour divin comme une poussée d'énergie monter en vous.

De l'extérieur, une partie de vous observe cette scène, cette étonnante communion spiri-tuelle se produisant là, sur le sable. De votre point de vue élevé, vous percevez l'amour de Dieu le Père et celui de la Déesse-mère, laquelle a pour nom Azna. Éprouvez la chaleur de l'amour émanant de cette magnifique famille. Revenez sur le sable, et prenez le temps de parler tran-quillement à votre guide. Parlez-lui de ceux que vous connaissez pour qui vous souhaitez la guéri-son, ou posez-lui des questions. Conversez avec votre guide intérieurement pendant quelques moments.

Vous pouvez revenir à cet endroit, sentir le vent caresser votre visage et les rayons du soleil briller, chaque fois que vous le désirez. Cet endroit est votre chapelle personnelle, en dehors de la maison.

La forêt irisée

Respirez profondément et détendez-vous. Sentez une paix tranquille vous envahir. Imaginez-vous, tout à coup, debout dans une prairie, à l'orée d'un bosquet d'arbres brillant dans la lumière du soleil. Vous vous approchez des arbres, et les rameaux semblent s'écarter pour vous laisser entrer. Vous avancez et vous sentez les rayons du soleil filtrer à travers les branches, jetant des ombres vertes sur tout votre corps.

Ressentez la paix tranquille du lieu ; vous entendez, au loin, des chants d'oiseaux, et ça sent la verdure et la terre. L'arôme des fleurs, forte et insistante, vous monte aux narines. Humant l'odeur des gardénias, des roses et du pin, vous pénétrez plus avant dans le boisé. Les branches continuent de vous ouvrir la voie jusqu'à ce que vous arriviez à un cercle composé d'immenses sentinelles et évoquant l'allure d'une cathédrale. Vous levez la tête vers le ciel et vous voyez la Déesse-mère, notre bien-aimée Azna, qui vous regarde et vous transmet de la force. Elle descend par une ouverture se trouvant dans le couvert des arbres et vous tend une épée dorée, faite de courage, d'amour, de volonté et de jugement.

Tandis que le soleil poursuit sa course, des prismes de couleurs descendent sur vous. D'abord, une magnifique et abondante pluie violette, de la couleur de la spiritualité, se met à tomber, illuminant les alentours. Ensuite, une pluie dorée, presque iridescente, vous inonde ; vous la sentez toucher votre corps. Puis, une colombe, pure et blanche, plane au-dessus de vous, comme jadis elle l'a fait pour Jésus, et vous faites l'affirmation : — La personne que je suis plaît à Jésus.

Le Saint-Esprit vous enveloppe, et le crescendo des couleurs vous fait déborder d'amour pour Dieu le Père et la Déesse-mère. Depuis la base de vos pieds, l'énergie monte dans votre corps jusqu'à votre conscience. Durant toute cette semaine, vous vous rappellerez ce bosquet d'arbres magiques, et la colombe demeurera au-dessus de votre tête. Gardez à la main l'épée, cadeau de Azna, afin de trancher tous les nœuds de négativité.

Un amour inconditionnel

Entourez-vous de la lumière blanche de
l'Esprit saint. Emmenez dans cette sphère de
lumière tous les êtres chers pour lesquels vous
souhaitez la guérison. Emmenez aussi tous ceux
qui vous semblent ennemis : souhaitez-leur du
bien et bénissez-les. Demandez que tous ceux
qui vous ont blessé, trompé, ou calomnié soient
baignés de lumière.

Demandez à votre mère et à votre père,
divins et aimants, de vous indiquer clairement
le droit chemin. Malgré que vous sachiez le
sacrifice que cela exige, demandez à Dieu de
faire agir sa volonté à travers vous afin que vous
fassiez plus profondément l'expérience de la
divinité dans votre vie. Vous avez supporté de
nombreuses épreuves déjà : la pauvreté, les
préjugés, les blessures, ou l'adversité.

Imaginez ces obstacles se transformer intérieurement en briques dorées, fortifiant votre âme et la redressant. Prenez conscience, du fond du cœur, que, sans adversité, vous n'auriez rien appris. Très doucement, comme des gouttes de pluie tombant sur votre visage, sentez la grâce du Ciel vous nettoyer de la souffrance, des blessures, de la tristesse, et même de l'ignorance qui s'étaient accumulées en vous. Désormais, vous êtes le défenseur de la paix, de la bonté, et du droit de chaque personne de jouir du fruit de ses expériences.

Vous êtes debout, un rayon de lumière dorée éclairant votre visage. Dans les nuages au-dessus de votre tête, enveloppés de la bonté de Dieu le Père, vous apercevez Jésus et la Déesse-mère. Vous avez le courage de sortir au dehors, car, vous vous aimez et aimez les autres d'un amour inconditionnel. Désormais, maintenant que vous savez qui vous êtes, vous pourrez simplement être. Vous serez fier de vous-même.

La pyramide et
les lumières
de guérison

Imaginez une pyramide inversée dont l'extrémité pointe vers le centre de votre chakra du front, en vous infusant de la lumière, de l'amour et de la foi. Vous pouvez accomplir tout ce que vous souhaitez. La pyramide vous donne la force nécessaire. Faites passer cette lumière dorée dans vos mains. Grâce à elle, vous possédez maintenant un don grâce auquel vous pourrez imposer les mains pour guérir et apporter la santé. Pardonnez-vous tout ce que vous pensez avoir fait, auriez dû faire, ou n'avez pas fait. Tout ce dont vous avez besoin, c'est de Dieu, au-dedans, comme au-dehors.

Imaginez maintenant que vous êtes la lumière dorée, éclairant une étendue sauvage sombre, et en laquelle de nombreux voyageurs fatigués, et tous ces gens qui ont haï et dont la haine s'est retournée contre eux, trouvent un havre de repos total et d'amour. Soyez là pour ceux que vous aimez et pour ceux qui ont besoin de vous. La force ne vous manquera pas. Dans votre vie quotidienne, chaque jour, partagez cette essence lumineuse avec vos collègues, vos enfants, et tous ceux avec qui vous entrez en contact. Partout où vous allez, faites briller la lumière. Que l'amour, l'approbation, et la tolérance émanent de vous avec grâce, et une attitude de pardon total ! Qu'ils se répandent sur ceux qui en ont besoin aujourd'hui !

Faites briller cette lumière dans chaque recoin de votre vie. Qu'afin de plaire à Dieu, nos lumières se réunissent toutes et éclairent les cieux. Avant votre départ de ce « camp d'entraînement » appelé Terre, une lumière doit s'allumer dans le ciel. C'est ainsi que nous témoignons de notre présence.

Imaginez de l'eau chaude s'écoulant en vous à partir du sommet de votre tête, vous nettoyant intérieurement, et emportant tout ce qui, en vous, est toxique et sombre. Laissez descendre l'eau dans tout votre corps. Laissez cette merveilleuse énergie, chaude et porteuse de vie, laver votre corps, vous réchauffant, vous réconfortant, vous baptisant. Éprouvez une sensation de guérison et d'unité dans tout votre corps.

Maintenant, laissez l'énergie de l'Esprit saint monter en vous. Que cette lumière dorée demeure avec vous pendant toute la semaine !

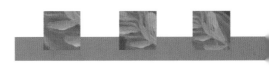

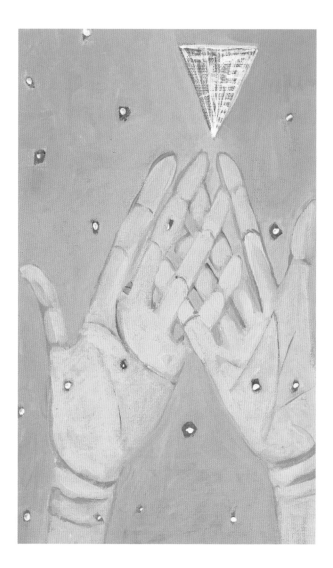

Le cristal d'améthyste

Détendez-vous. Fermez les yeux et imaginez que vous êtes une part d'une brillante orange dorée, enchâssée dans une magnifique volute verte se trouvant au sommet de l'orange. Maintenant, imaginez un immense cristal d'améthyste, venant du ciel, et dont la lumière vous englobe. Grâce à ce cristal, vous sentez la puissance de Dieu, car la pierre est faite d'un immense obélisque, reposant sur une large base, et dont la partie effilée pointe directement vers le ciel.

Comme un éclair, l'amour de Dieu électrise ce cristal. Les vibrations du pouvoir divin de guérison rayonnent dans le joyau et transmettent de l'énergie à votre système cellulaire. Une chaleur se répand dans votre corps, vous nettoyant de toutes maladies, douleurs, ou souffrances mentales.

Laissez aller toutes les blessures, la culpabilité, les sentiments d'abandon et de rejet dont vous avez fait l'expérience. Lâchez prise sur tout cela. À la place, accueillez en vous la beauté et l'amour de Dieu, lesquels sont tout puissants.

Sentez l'énergie du doigt de Dieu se manifester à travers le pouvoir de ce superbe cristal vous transmettant l'amour inconditionnel de Dieu. Vous êtes purifié comme après un baptême.

Laissez l'énergie monter en vous. Que la sainte lumière de Dieu brille sur vous ! Puissent la grâce et l'amour vous accompagner sur votre route.

14
Le baptême

Imaginez que vous êtes allongé, entouré de coussins moelleux et doux, sur une couche, blanche et magnifique, ornée de brocart. Les contours de la pièce s'estompent dans une obscurité veloutée ; vous vous détendez sous le faible éclairage d'un projecteur. Comme vous ne distinguez rien autour de vous, vous avez l'impression d'être suspendu dans l'air. Vous ne percevez aucune autre couleur que le gris de l'obscurité et l'éclat du blanc au-dessous de vous. Naturellement, cela ressemble beaucoup à ce qui se passe dans votre vie. Cependant, maintenant, vous allez recevoir des cordes dorées avec lesquelles vous pourrez équilibrer ce que nous pourrions appeler le ballottement de votre être.

Malgré que vous vous soyez agité, vous agrippant aux coussins, vous voyez les cordes dorées s'attacher à la couche. Tandis qu'elles tourbillonnent doucement et zigzaguent dans l'air, vous éprouvez une sensation d'amour et de sécurité. Les cordes s'enroulent et tournent, s'épaississent jusqu'à devenir des milliers, vous entourant. Une lumière blanche se répand entre ces piliers dorés, inonde votre être, et vous purifie. La lumière s'étend, vous submerge et vous êtes baptisé, nettoyé et totalement purifié, dans un océan de sainte lumière.

Sortez maintenant de la méditation. Imaginez que vous vous allongez sur la couche, et que vous vous relevez ensuite. En effectuant ce mouvement, vous sentez une force circuler en vous, vous purifiant, vous nourrissant, vous donnant de l'amour et de l'énergie.

Le dôme blanc

Placez vos mains sur vos cuisses, paumes vers le haut. Assoyez-vous, le dos très droit. Entourez-vous de la lumière blanche de l'Esprit saint. Portez attention à la grâce divine vous entourant, et à celle de la lumière dorée de la spiritualité circulant dans toutes les fibres de votre corps. Ce soir, ouvrez votre cœur à la Conscience du Christ. Je souhaite que tous vos vieux sentiments de culpabilité, vos peurs et votre souffrance se dissolvent. Je souhaite que l'essence de votre être, la perfection exceptionnelle du Dieu résidant en vous, se manifeste totalement.

À chaque respiration, expirez en lâchant prise. Prenez conscience que votre existence est suspendue dans le temps et que l'amour divin vous entoure, et vous porte avec bonté. La Déesse-mère, Dieu le Père, le Saint-Esprit descendent sur vous. Vous vous trouvez à l'intérieur d'un magnifique dôme blanc brillant dans l'obscurité. Votre énergie émet des étincelles de lumière et se répand dans toute l'obscurité du monde.

Elle atteint toutes les personnes, quoique la plupart d'entre elles ne connaissent même pas votre nom. Vous leur transmettez votre amour, votre force et votre espoir. Quelqu'un, quelque part, poussant la charrue dans son champ, ressent cet amour. Dans son cœur, sans en connaître l'origine, elle sent la chaleur d'une étincelle. Cette personne pourrait être un sans-abri, ou une personne atteinte du sida.

Comme par miracle, vous reliant à toutes ces personnes, vous êtes débarrassé de toutes folies, maladies ou de tout désordre. Vous êtes libéré de tout cela.

Sentez le bien-être monter en vous. Sentez la souffrance se dissiper. Sentez-la se retirer de vous. Tandis que la lumière dorée de votre âme s'élève en vous, amenez votre être à la conscience totale. Vous pouvez maintenant faire face à demain, ainsi qu'à tous les lendemains.

Dieu vous aime, et moi aussi.

L'étoile d'argent

Fermez les yeux, prenez une bonne respiration, et imaginez un ciel sombre et velouté. Détendez-vous et laissez tous vos soucis, vos tensions, vos casse-tête, et vos déceptions se dissiper. Plutôt que d'être froid et hostile, le ciel parfaitement noir semble chaleureux et confortable autour de vous ; vous avez l'impression d'être assis sur un trône violet. Tandis que vous regardez ce ciel magnifique, un minuscule point brillant apparaît. Cette lueur brillante de lumière bleu-argenté se dirige vers vous. À mesure qu'elle s'approche, vous pouvez presque respirer sa puissance vous donnant de l'énergie. Et, surtout, vous faites l'expérience d'une acuité intellectuelle jamais connue auparavant, manifestée par les éclats pénétrants de cette gigantesque lumière étoilée.

Tandis que cette merveilleuse étoile, pure comme du cristal, s'approche de vous, vous sentez une émanation du pouvoir de Dieu se diriger droit vers vous, et vous traverser, laissant sur son passage l'amour de la Déesse-mère et de Dieu le Père. Grâce à la puissance divine, vous relâchez tous vos malaises et vos tensions, principalement ceux qui viennent des vies antérieures. Vous êtes lavé de tous les doutes et de toute la peur qui sont associés à des expériences karmiques non encore accomplies. Laissez la puissance divine vous sanctifier et vous unifier. Vous êtes dans ce monde pour rendre gloire à Dieu, pour être une lumière dans l'obscurité, et pour proclamer au monde l'existence de Dieu.

La lumière s'éloigne, vous sentez que l'aurore est proche. Les minuscules bandes, orange et violet, striant maintenant le ciel, annoncent l'arrivée de la Déesse-mère et l'équilibre de l'énergie sacrée. Un amour merveilleux, bénéfique, intercesseur et inconditionnel, né des magnifiques rais de lumière que sont les doigts de Mère Azna, se répand sur vous. Respirez les couleurs, l'arôme, et la lumière. Voici l'aube de la renaissance de votre âme.

Que Dieu vous bénisse et vous garde jusqu'à la prochaine fois.

La grâce de Dieu

Chaque fois que vous vous sentez divisé intérieurement, imaginez que vous êtes un œuf, dont les parois sont rondes et dont l'extrémité est ovale. Vous baignez dans la lumière blanche. Puis, la lumière blanche devient verte, apportant un renouveau de jeunesse à toutes les cellules de votre corps. Vous sentez de la motivation, de la détermination, de la ferveur, et de la spiritualité, même si vous êtes en train d'apprendre et de vous questionner. Imaginez du bleu et éprouvez la sensation que procure cette couleur. Le seul moment où le bleu royal, très intense, doit être utilisé, est pour apaiser une irritation ou une perturbation mentale. Faites ensuite l'expérience des couleurs or, blanc et vert, qui finalement cèdent la place au violet, lequel vous prodigue toutes les grâces divines, des buts élevés, l'amour du Dieu, et la foi en votre être spirituel. Au-dessus de vous, prenez conscience de la totalité de la présence de la Déesse-mère qui vous attire dans ses bras ouverts. Vous êtes près d'Elle et vous sentez la bonté de son étreinte aimante.

Appuyez-vous contre sa poitrine et sentez les battements de ses forces, porteuses de vie, se communiquer à vous. Son amour est une puissance créative de vie se manifestant constamment. Derrière Elle, vous sentez l'intelligence et la fermeté de Dieu le Père. Sentez l'étreinte aimante de ces deux entités divines. Sentez leur lumière briller et imprégner toutes les cellules de votre corps. Voilà la nature de l'Esprit saint : l'amour de Dieu le Père et de la Déesse-mère se répandant en vous. Puis, comme vous êtes un être de chair, la Conscience christique s'élève en vous.

Vous sentez que vous serez ainsi heureux et rempli d'amour, toute la semaine. Vous êtes un soldat fort, puissant et déterminé.

L'illumination :
un présent de notre père

Imaginez que toute sensation de peur s'éloigne de vous. Sentez la blanche lumière de l'Esprit saint, la lumière dorée du Christ, et la lumière violette de Dieu vous entourer. Baignant dans ces lumières, ayez de belles pensées de bénédiction pour notre Père qui est au ciel, et pour tous ceux qui vous entourent. Visualisez Azna, notre Déesse-mère, comme une magnifique lumière rose descendant sur chacun. Imaginez que toutes vos « fiches » — les peurs, les préjugés, la souffrance, dont les spirales assombrissent votre âme — sont débranchées.

Imaginez la lumière de guérison éclairant chacune des cellules de votre corps, et transformant la douleur en joie. La magnifique lumière rose d'Azna tourbillonne en nous et, s'entremêlant au violet, au doré, et au blanc, restaure notre âme. Ces lumières nous infusent l'ardeur du Saint-Esprit, et nous donnent la force de nous pardonner nos manquements, et de sortir au-dehors témoigner de la lumière. Récemment, si vous avez vécu une période de colère, de ressentiment, ou de désir de vengeance, débranchez cette fiche-là de la prise. Il arrive qu'une colère soit justifiée, n'empêche qu'il faut la laisser glisser sur nous. L'abandonner aux mains de Dieu ; Le laisser accorder le pardon, et nous rendre notre liberté. Soyez résolu, fidèle, averti, et vigilant : voilà la guérison !

Laissez l'Esprit circuler dans votre corps aujourd'hui. Laissez la guérison se répandre en vous, et au-dehors, dans le monde.

19

La guérison

Prenez quelques instants pour vous immerger dans l'énergie du pardon. Pardonnez-vous à vous-même et aux autres ; pénétrez dans un espace de paix et d'amour total. Laissez cet état d'esprit se répandre dans votre corps et gagner vos mains. Voici qu'elles s'ouvrent, qu'elles deviennent chaudes et brillantes. Demandez à l'Esprit saint, à la pureté d'Azna, à la puissance de Jésus, de descendre. L'esprit de guérison vient habiter vos mains, et les réchauffe ; celles-ci apportent la guérison à tous ceux que vous touchez ou qui effleurent votre aura. Aujourd'hui, demandez à Dieu ce cadeau.

Vos mains deviennent très chaudes et se mettent à vibrer. Vous avez reçu le don de guérison. Vous pouvez vous guérir vous-même ou poser les mains sur les autres pour les guérir. N'ayez pas peur. Demandez le don de prophétie et l'illumination. Demandez de devenir un pur canal de communication. Tous, nous sommes prophètes, esséniens, gnostiques. Tous, nous cherchons la vérité. Dieu nous a choisis, nous sommes bénis. Et nous ne pouvons dévier de ce chemin bien fréquenté : nous sommes élus, il n'y a pas de retour en arrière. Le malheur c'est quand nous ouvrons des sentiers à travers l'ignorance, les mauvaises herbes et la peur. Néanmoins, nous sommes forts.

Aussi longtemps que vous vivrez, vous devrez porter l'étendard de Dieu, car son allégeance est inscrite profondément dans votre âme. Et vous souhaiterez faire de ce monde un monde meilleur. Et restaurer les âmes, c'est-à-dire transformer l'obscurité en lumière partout où vous irez. Sentez la lumière descendre en vous et vous brûler de son feu ; sentez votre âme s'élargir. Sentez la guérison se répandre dans votre cœur et fortifier votre âme.

Le cercle
de lumière

Entourez-vous de lumière blanche, et aujourd'hui plus que jamais, élevez votre cœur. Imaginez votre cœur, votre corps, et votre esprit monter doucement vers Dieu. Imaginez la lumière de Dieu descendant sur vous, et demandez à Dieu de vous montrer exactement où se trouve votre cercle.

Dieu a des révélations à vous faire. Dans votre cœur, engagez-vous envers Lui. Laissez aller la peur de la vieillesse, de la maladie, de la destruction, ou de la mort, et même la peur de l'espoir. Inconditionnellement, de la même façon que la lumière divine nous est prodiguée, abandonnez-vous à Dieu, complètement et totalement.

Sentez la Conscience du Christ circuler dans votre cœur ; la Déesse-mère vous protège, et Dieu le Père, dans sa toute-puissance suprême, vous tient dans la paume de sa main. Abandonnez la souffrance, les blessures, à l'Esprit saint ; la lumière de Dieu descend sur vous.

Prenez conscience que c'est grâce à cet abandon que nous obtenons tous le salut, et que nous nous retrouverons ensemble dans l'Au-delà. Imaginez un baptême, une confirmation de notre foi gnostique chrétienne. Comme les chrétiens de l'Église primitive, nous sommes des pionniers, des croisés dans un monde de noirceur. Et, nous ne reculerons pas ; nous resterons debout pour témoigner de notre foi devant Dieu et toute l'humanité.

Au nom de la Déesse-mère, de Dieu le Père, de l'Esprit saint, et de la Conscience du Christ, sentez la lumière vous éclairer. Que Dieu vous bénisse et vous garde ! Priez pour moi, comme je prierai pour vous.

Naviguer avec votre guide spirituel

Laissez la blanche lumière de l'Esprit saint vous envelopper, et imaginez une lumière dorée tout autour. Soudain, vous êtes à bord d'un immense navire. Vous n'avez pas peur. Vous contemplez le ciel et sentez la progression du bateau sur l'eau ; des dauphins plongent à la surface. Il y a quelque chose dans le ciel et dans l'eau favorisant la sérénité. La situation symbolise la nature dans sa complétude. Vous vous déplacez vers un autre endroit du bateau, car vous souhaitez être seul avec vos pensées et vos émotions, et aussi, simplement pour sentir l'air contre votre visage. Vous vous assoyez sur un banc, levant la tête vers le ciel. Vous remarquez qu'il fait un peu frais, et vous prenez une couverture sur vous. L'or du coucher de soleil, le bleu de l'eau, le blanc des nuages vous purifient. Emportant avec lui le tohu-bohu de la vie quotidienne, l'air salé de la mer apaise et tranquillise votre esprit.

Tout à coup, quelqu'un s'approche et s'assied près de vous. Vous étiez si paisible que cette arrivée vous semble presque une intrusion. Vous êtes en train de vous approprier la beauté du ciel et de la mer, de les absorber en vous, lorsqu'une présence dans le fauteuil voisin s'impose à vous. Une main se tend et touche la vôtre, et vous, immédiatement et machinalement, vous la saisissez. Vous voyez le visage de votre guide spirituel — votre messager compagnon, celui que ma guide spirituelle Francine nomme le « supporter » —, lequel est apparu à vos côtés, avec douceur et tranquillité, envoyé par Dieu. Vous sentez la chaleur de sa main, et vous êtes pris du désir irrésistible de demeurer ainsi. Cependant, on vous rappelle sur le pont de l'existence c'est-à-dire à la réalité de la vie. Néanmoins, vous savez très bien qu'un jour, quand vous passerez dans l'Au-delà, vous pourrez voguer sur ce navire aussi aisément que vous pourrez voler.

Gardez à l'esprit l'image du ciel bleu éblouissant, des nuages blancs moelleux, des dauphins plongeant dans les vagues turquoises, et du fauteuil qui vous attend, c'est-à-dire la place qui vous appartient.

22

Se réinventer

Imaginez une flamme violette brûlant au centre de votre plexus solaire. Demandez à Dieu de déverser sa grâce au sommet de votre tête, comme si vous étiez une pyramide inversée. Au bas se concentre ce qui est négatif, et la base s'ouvre à la spiritualité et à la grâce.

Laissez-moi vous donner maintenant un code : le mot *bleu*. Durant la semaine, chaque fois que vous serez perturbé, dites le mot *bleu*. Prononcer ce mot vous détendra, vous calmera, vous apaisera et chassera vos tensions.

Fermez les yeux et revoyez-vous à l'âge de dix ans. Ce n'est pas nécessaire de penser à un jour spécial, mais vous le pouvez si vous le souhaitez. Pourquoi pas le jour de Noël ? Aviez-vous pris des résolutions ? Qu'en est-il arrivé ? Y a-t-il quelque chose que vous auriez aimé faire ? Ou peut-être quelque chose que vous croyiez devoir faire ? Quoi qu'il en soit, laissez aller cette chose. Lâchez prise. Cet âge de votre vie est crucial : c'est le moment où votre individualité a commencé à se manifester.

À l'âge de dix ans, de quoi aviez-vous l'air ? Comment agissiez-vous ? Que faisiez-vous ? Étiez-vous intelligent ? Ou, au contraire, stupide ? Comment vous sentiez-vous ? Bien, mal, mené par la culpabilité, scrupuleux, effrayé, maltraité ? Vous faisiez-vous du souci ou étiez-vous indifférent ? Cela n'a pas d'importance ; laissez tout aller. Le seul schéma qu'il faut conserver est que vous allez accomplir votre mission, gardez votre guide spirituel auprès de vous, et demeurez loyal, reconnaissant, aimant, et attentionné. Purifiez-vous maintenant.

À présent, revoyez-vous à divers âges, et laissez aller toutes les attentes que vous aviez à chaque époque. Prenez le temps de revivre chaque âge, et libérez-vous de toute maladie en train de s'installer, ou de toute charge dont vous vous accabliez. Libérez-vous de la crainte d'avoir blessé quelqu'un ; tous ont leur part de responsabilité. La route qui pave vos expériences est longue, mais elle peut être remplie de joie.

Comptez jusqu'à trois, et sortez de la méditation. Vous êtes dans une forme absolument resplendissante.

23

Équilibre, stabilité
et
amour de soi

Imaginez votre être épousant les contours d'un long tube cylindrique traversé par la divine lumière de Dieu, de la Conscience du Christ, et de la Déesse-mère. Vous ne ressentez aucune souffrance, et vos pensées et vos émotions sont en équilibre.

Répétez doucement et avec conviction :
— Je m'aime moi-même. Je suis une part de Dieu. Je suis Dieu. Mes pensées et mes émotions sont parfaitement saines. Je n'ai besoin d'aucun être humain dans cette vie pour me sentir satisfait. Les autres sont parfaits ; leur présence est un ajout à ma vie, ils représentent des avantages supplémentaires. Cependant, je n'ai pas besoin d'eux, même s'ils m'apportent quelque chose de plus, car mon existence est déjà riche et pleine.

Sentez un filet de lumière dorée pénétrer par le sommet de votre tête. Il descend et fait son chemin dans tous vos organes, portant la guérison sur son passage et vous libérant de tous blocages.

Maintenant, la grâce de l'Esprit saint se répand en vous, et circule dans tout votre corps. À chaque expiration, vous demandez à Dieu de vous libérer de vos besoins et de vos désirs obsessionnels. Sentez que vous les laissez aller. Cela ne signifie pas qu'il faille abandonner vos rêves : ces derniers sont votre soutien quotidien. Non, laissez aller les choses qui sont des obstacles sur votre route. Laissez-les aller complètement.

Apparaissez devant Dieu, purifié et rafraîchi. Prenez conscience que nous faisons tous le voyage ensemble, et soyez celui qui tend la main. Tous réunis, nous accomplissons des merveilles. Nos pouvoirs se fondent et nous pouvons apporter la guérison. Ensemble, nous avons la foi.

24

La carte routière

Imaginez une carte routière sillonnée de nombreuses routes. J'aimerais qu'intérieurement vous vous penchiez sur cette carte et qu'au-delà de ces lignes sinueuses, vous revoyiez vos années d'école, les rebuffades, les peines d'amour, quelques amours heureuses, le lycée ou le collège, et peut-être un mariage ou une période d'indépendance. Depuis votre point d'observation, remarquez comment les routes s'étendent sur la carte. Observez les embranchements, les courbes et les virages.

Voyez maintenant votre vie comme elle est actuellement. Le temps écoulé importe peu, l'important est ce que vous ferez du temps qui vous reste. Jetez un regard derrière et appréciez la distance parcourue. Prenez conscience du courage avec lequel vous avez affronté les injures et les outrages du sort, et l'infamie, le scandale, les blessures, et les injustices. Dites-vous intérieurement : *Le seul péché, dans tout l'univers, est celui de ne pas faire preuve de bonté envers soi-même.* Aimez-vous et soyez bon envers vous-même ; c'est ainsi, seulement, que vous pourrez faire du bien aux autres.

Cessez de penser que vous êtes indigne et que vous n'en valez pas la peine. Personne ne devrait penser ainsi de lui-même, car, génétiquement, nous sommes tous des parties de Dieu. Le seul mal qui existe est celui-ci : vous rabaisser vous-même. Or, il est facile de tomber dans un tel piège. La négativité est un rebut de la terre ; elle croît aussi facilement que la moisissure après la pluie. Il est impératif que vous respiriez de l'air pur et frais, car vous êtes des enfants de Dieu, des instruments, la main agissante de Dieu.

Regardez votre carte, votre route. C'est vous qui l'avez tracée, suivez-la en souriant. Aimez et impliquez-vous le long du chemin. Sentez le souffle divin emplir vos poumons et restaurer votre corps fatigué. Pardonnez-vous maintenant, et demeurez dans l'esprit du pardon aussi longtemps qu'il vous plaira. L'existence dans un corps physique engendre de fortes tensions, car l'âme cogne contre ses limites. Cependant, vous y arriverez.

Tous, levons-nous, tendons les mains, et sentons l'espoir et l'amour s'élever en nous. Depuis la base de vos pieds, sentez l'énergie monter dans tout votre corps, et s'échapper de votre tête en un flot brillant.

Les obstacles symboliques

Détendez-vous, comme si vous étiez en train de descendre dans un escalier roulant. Cet escalier, c'est le courant de votre vie, l'endroit où peut s'ouvrir votre canal de communication. C'est là où vous entrez en contact avec vos guides et recevez leurs messages. Comptez à rebours : dix, laissez-vous aller. Neuf, tout fonctionne mieux que jamais pour vous. Huit, laissez aller tout ce qui est négatif. Sept, laissez la grâce de Dieu pénétrer en vous par le sommet de votre tête. Six, à chaque expiration, sentez ce qui est négatif s'échapper de vous. Cinq, respirez plus profondément. Quatre, respirez régulièrement. Trois. Deux. Un. Zéro.

Imaginez que vous êtes dans un champ. Vous sentez le vent vous caresser le visage et l'herbe vous effleurer les jambes. À chaque rafale, vous sentez le pouvoir de l'esprit se manifester, tangible et fort. Visualisez une lumière éclatante vous entourant. Elle forme une couche brillante et protectrice dont vous sentez la présence à environ vingt ou vingt-cinq centimètres de votre corps. Face à ce champ de lumière, imaginez tous les éléments négatifs de votre vie comme des obstacles sur une route. Appelez par leur nom chacun de ces affreux blocs bruns : anxiété, sentiment d'abandon, peur, maladie, sentiment d'être rejeté, souffrance, incapacité de s'exprimer, ainsi de suite. Laissez ces blocs prendre forme devant vous car, tous, nous subissons la menace de ce genre d'obstacles. Ils nous retiennent à la terre et bloquent notre chemin vers Dieu.

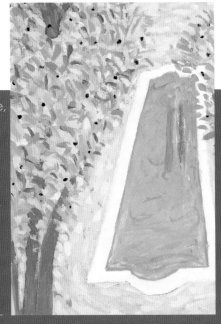

Maintenant, tendez les bras en avant, saisissez la lumière vous entourant, et prenez-la dans votre main, comme une balle de neige. De toutes vos forces, lancez-la sur les blocs. Voyez-les se fendiller, s'effondrer, et se désintégrer. Avec fureur, continuez de bombarder les blocs, jusqu'à ce qu'ils se dissolvent et tombent en poussière.

Vous voilà à présent devenu un être merveilleux, magnifique, ayant Dieu pour centre, totalement maître de lui-même, et disposé à accomplir la volonté divine. Dégagé de tout jugement et de toute culpabilité, levez-vous et respirez librement.

L'anneau de pouvoir

Je souhaite maintenant que nous réaffirmions la toute-puissance de Dieu, le Christ de vérité nous accompagnant sur la route, l'amour de la Déesse-mère nous entourant, et l'existence de Dieu le Père tout-puissant, notre créateur. Imaginez un anneau au centre d'une pièce dans laquelle le miroitement d'une lueur blanche, magnifique et scintillante, commence à se former. Entourez cette lueur d'un rideau de lumière violette. Il semble que l'anneau étincelant se transforme en eau et prend des teintes de bleu et de vert. Je souhaite que vous visualisiez maintenant une lumière dorée venant du ciel directement de Dieu le Père.

Fermez les yeux, prenez une bonne respiration, et pensez aux noms des êtres qui vous sont chers afin que la Conscience du Christ leur apporte la guérison. Si vous le souhaitez, incluez même votre propre nom. Plongez les noms dans les magnifiques eaux émeraude, miroitantes de lumière et porteuses de guérison. Azna, Elle-même, puisera à l'eau guérisseuse, et administrera le remède à ces personnes, qui qu'elles soient, qu'elles soient présentes avec nous physiquement ou pas. Ce soir, réaffirmez votre foi en Dieu tout-puissant : « Je suis fort et en bonne santé. Je suis un être spirituel et béni de Dieu. Je possède la Conscience du Christ, et l'amour et la force du Dieu tout-puissant. Ma mission sur cette terre est de sauver mon âme et celle des autres. Au nom de Dieu, je prie pour que cette mission s'accomplisse. Ainsi soit-il. »

Éprouvez la sensation de la toute-puissance divine circulant dans toutes les cellules de votre corps. Chaque partie de votre être, auparavant dans la noirceur, ou laissée à l'abandon, émerge maintenant dans la lumière et la clarté de Dieu.

Je vous laisse ma bénédiction et ma protection. Sachez que vous pouvez toujours compter sur moi, je ne suis jamais plus loin qu'une simple pensée. Que Dieu vous bénisse.

Le pont

Entourez-vous de lumière or, violette et blanche. Imaginez ces lumières émanant de vous. J'aimerais maintenant que vous visualisiez un pont blanc prenant son origine de l'endroit où vous vous trouvez et surmontant un abîme, lequel peut être profond, ou pas.

Dans le plan astral, levez-vous et commencez à traverser ce pont, blanc et scintillant, jeté sur l'abîme. À mesure que vous progressez, prenez la culpabilité, les blessures, et la souffrance physique que vous portez, mettez-les dans un sac de plastique, et jetez le sac dans le vide. Ce geste aura pour effet de couper vos attachements sans causer de mal à quiconque.

Vous n'éprouvez pas de solitude ; vous traversez ce pont avec détermination. Vous vous retenez aux bords et votre démarche est sure. Aucun vent n'agite le pont ; rien ne peut vous faire de mal.

Tout en marchant, demandez-vous : *Quel est le pire qui peut arriver ?* Vous pouvez mourir. Est-ce cela le pire ? C'est simple. Néanmoins, peu importe ce qui arrive, vous pouvez franchir ce pont. Vous regardez maintenant autour de vous, et vous constatez avec étonnement que d'autres personnes sont derrière vous sur ce pont, blanc et scintillant, jetant par-dessus bord leurs ordures. Certains transportent d'énormes sacs de un mètre de côté, et d'autres ont de très petits sacs, tous remplis de : « Je n'aurais pas cet emploi que je souhaite tant. J'ai perdu mon amoureux. Je n'ai pas réussi ma vie. » Laissez tout tomber : éloignez cela de vous et poursuivez fièrement votre route.

Vous voilà maintenant sur la terre ferme, vous vous sentez mince, léger, brillant, en accord avec l'infini. C'est que là, vous êtes un canal pour Dieu. Ouvrant votre cœur, vous les contactez, Lui, Elle, Jésus et le Saint-Esprit. Laissez la grâce affluer, venant de toutes parts : les maîtres spirituels, votre guide spirituel et ceux qui sont partis dans l'au-delà. Tous vous protègent.

Puis, vous retournez sur le pont. En le traversant de nouveau, vous regardez par delà le bord, vous voyez tous ces trucs en bas, et vous savez que plus rien de cela ne reviendra vous hanter ni vous blesser. Chemin faisant, vous vous sentez léger et brillant, rempli de foi en vous-même et en ce que vous croyez.

Un mélange de lumière

Liez des rayons lumineux de couleur à votre personne. Commencez par entremêler les couleurs. D'abord, faites passer un rayon de lumière blanche à travers votre front, dans votre gorge, dans votre plexus solaire, et votre petit intestin. Puis, tissez un rayon de lumière violette par le même chemin. Entourez-vous de cette bulle de lumière.

Prenez maintenant un rayon de lumière d'or et dirigez-le par la même route : front, gorge, plexus solaire, petit intestin. Faites de même avec un rayon de lumière verte. Vous baignez dans un arc-en-ciel de lumières.

Faites cet exercice, qui ne prend que quelques minutes, chaque jour. Priez pour que vos émotions et votre pensée se fondent en un, et que la lumière de l'Esprit saint vous entoure.

Soyez assuré que si vous demandez à Dieu le Père, à la Déesse-mère ainsi qu'à votre guide spirituel de vous protéger, et de protéger votre aura, celle-ci pourra traverser des déserts de souffrance et en sortir vainqueur.

L'étreinte
de guérison

J'aimerais vous amener en voyage. Entourez-vous de lumière violette, la couleur royale de la spiritualité. Vous et moi prions pour que d'innombrables personnes fassent cercle autour de vous pour vous bénir et veiller sur vous : vos guides spirituels ; les maîtres spirituels ; tous ceux que vous avez aimés et ceux qui vous ont aimé, que ce soit dans cette vie ou dans une vie passée ; vos animaux préférés qui ne sont plus ; les enfants que vous avez perdus ; le père et le mari que vous croyez absents.

Une brume apparaît et s'abat. Vous craignez un peu de marcher, car vous ne pouvez voir devant vous, comme c'est le cas dans cette vie. Toutefois, vous sentez que des mains chaleureuses vous touchent, et que l'amour d'une mère ou d'une grand-mère vous est rendu. Ces mains vous pressent d'avancer. Vous voilà debout dans une magnifique prairie, et tous ces gens vous entourent. L'amour émanant de cette assemblée est d'une telle force qu'il vous soulève dans l'air. Vous flottez maintenant au-dessus du cercle de ces personnes, savourant l'amour inconditionnel, l'attention et les soins qu'elles vous prodiguent.

Dans le pré, vous apercevez au loin des chevaux à la crinière blanche folâtrant parmi des arbres chargés de fruits somptueux et des buissons abondamment fleuris. Vous éprouvez maintenant le besoin de vous rapprocher de tous ceux qui vous entourent. Vous revenez sur le sol et sentez leurs mains chaleureuses et aimantes vous toucher, vous attirer pour vous embrasser. Vous ressentez la chaleur de leur amour. Une lumière verte semble émaner d'eux. S'élevant lentement depuis la base de vos pieds à travers toutes les parties de votre corps jusqu'à votre tête, cette lumière vous apporte la guérison. Sentez les bras de votre père autour de vous. Sentez le doux baiser de votre mère sur votre joue. Votre conjoint vous prend dans ses bras. Votre frère s'approche de vous et met sa main sur votre épaule. Parlez-leur à tous. Respirez l'air frais de la prairie, parfumé de fleurs sauvages. Sortez maintenant de la méditation et regardez droit devant vous. Vous êtes totalement revitalisé.

Soyez assuré que, chaque fois que vous l'effectuerez, cet exercice vous apportera la guérison.

30

Trois cercles
d'infini

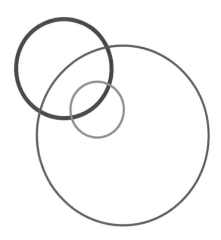

Imaginez maintenant que vous marchez dans un magnifique cylindre argenté. Tandis que vous marchez, une chose merveilleuse se produit : on dirait que le tube palpite et émet des étincelles de lumière. Rempli de joie, vous vous mettez à sautiller légèrement, fasciné par ces étincelles d'argent pénétrant votre âme et vous purifiant. À l'extrémité du tunnel brille une lueur ayant la forme d'une jolie croix. Cette lueur émet des rayons d'or.

Devant vous, trois cercles dorés s'affichent, représentant votre être complet, infini, ayant

Dieu pour centre. L'un est le père, l'autre, la mère, et le troisième est votre conscience divine propre. Vous entrez dans le cercle de ces divinités et devenez partie intégrante de cette boucle de lumières étroitement entrelacées. En traversant le tube doré, vous percevez la présence de vos guides de chaque côté de vous.

Droit devant, il y a un gigantesque cristal d'améthyste. Approchez-vous et touchez-le : la lumière violette trouve une résonance dans votre âme. Touchez le cristal et soyez attentif à l'énergie s'en dégageant. Demandez-lui s'il a un message pour vous. Priez pour obtenir le pardon, non pas celui de Dieu ; demandez la grâce de vous pardonner à vous-même. Priez pour que votre ego soit tué, comme le dragon qu'il est doit l'être. Invitez la part véritable de votre « Je suis » à se manifester. Elle le fera. Et donnez la mort aux dragons de la maladie, des blessures, du désespoir et du ressentiment. Détendez-vous. Inspirez l'éclat violet de l'améthyste, ainsi que l'éclat d'émeraude d'un autre joyau qui se trouve à proximité.

Visitez cette vision merveilleuse aussi souvent que vous le souhaitez, et portez-la en vous. Refaites le chemin à l'inverse dans le cylindre argenté de lumière, emportant avec vous les éclats de l'améthyste et de l'émeraude.

Le flux et le reflux

Imaginez la bonté, la blanche lumière du Saint-Esprit, et la Conscience du Christ, circulant autour de vous. Soyez attentif à vos émotions et à vos pensées. Je souhaite aussi que vous perceviez l'amour de la Déesse-mère et de Dieu le Père. Tous les messagers de la vérité, votre guide spirituel, et les maîtres spirituels, veillent sur vous.

Vous êtes l'océan : la marée rejette toute votre souffrance, vos soucis, vos déceptions, et vos peurs. À leur place, apparaît sur la vague une mousse blanche, nettoyant tout et ne laissant passer que des éclats de lumière argentée. Laissez-vous laver par cette vague comme pour un baptême. Elle vous apporte la guérison ; vous êtes frais, propre, plein de vitalité, et libéré de toute peur.

À partir de maintenant, vous allez vivre selon votre propre vérité, guidé par votre être véritable ayant Dieu pour centre, agissant en fonction de ce qui vous rend heureux au cours de ce voyage spirituel de survivance. Laissez le mouvement de l'océan vous nettoyer de tous vos regrets, vous rafraîchir, vous apporter la guérison, et vous inonder de la grâce de Dieu. Sentez votre âme se fortifier, s'élargir et s'étendre.

Comme une marée descendante, la souffrance et le chagrin s'estompent, pas temporairement, mais pour toujours. Sentez la force s'élever en vous. Une fois la carapace enlevée, la bigoterie et les préjugés s'effaceront.

Debout devant Dieu, vous êtes purifié, guéri. Vous êtes un être en devenir qui est parfait, spirituel, instruit, et Dieu est votre centre. Prenez une bonne respiration, laissez aller toute votre souffrance et vos déceptions. Vous faites partie d'une sororité, d'une fraternité qui subsistera avec force. Vous et les personnes de votre groupe ne vous laisserez pas intimider par les peurs survenant dans la vie.

Sentez l'énergie monter en vous, depuis vos pieds, dans tout votre corps, portant la guérison, nettoyant et dissipant sur son passage la souffrance et la tristesse. Vous êtes maintenant fort, votre destin s'accomplit et vos souhaits sont comblés. Vous vous sentez merveilleusement bien, de la tête aux pieds : mieux que jamais auparavant.

Une pluie d'étoiles

Derrière l'écran de vos yeux, imaginez une magnifique étoile brillant dans la nuit sombre. Cette étoile est bleue, comme souvent nous apparaissent les étoiles dans le ciel. Sur ces pointes, on distingue des touches de rouge, de blanc et d'argenté.

Cependant, vous ne faites pas que la regarder ; vous en faites partie. Vous êtes cette étoile ; elle vous habite et exprime la sublimité de votre âme. Votre grandeur et votre beauté rayonnent maintenant. De plus, par les pointes de l'étoile s'échappe tout ce qui est négatif. Un observateur pourrait remarquer que vous piquez vers le bas ; cependant, vous ne faites que descendre lentement dans le ciel sombre.

Dans cette chute, d'abord, vous éprouvez de la frayeur et vous vous sentez un peu perdu. Vous ressentez de l'isolement. Mais, un instant ! Voilà que dans la nuit noire, vous prenez conscience de la réfraction de la lumière, vous regardez au loin et vous voyez une autre étoile. Puis, regardant derrière vous, vous en apercevez une infinité tombant comme vous.

La lumière de la vôtre ne recoupe pas les lumières des autres étoiles. Nous tombons tous ensemble, rayonnant d'amour de Dieu, d'action juste, de tolérance, et même d'une certaine passivité. Notre lumière perce le monde des ténèbres.

Portant attention, vous entendez des petites exclamations de bonheur, car, tous réunis, nous formons une grande et immense lumière. D'autres étoiles se joignent à nous, et nous sentons que nous sommes parties intégrantes d'un amas de lumières d'étoiles éclairant le chemin et montrant la vérité, auquel se joint même l'Étoile de Bethléem.

Vous éprouvez du contentement et une paix profonde. Votre volonté et votre jugement retrouvent leur équilibre. Sentez la solidité de votre épine dorsale : vous êtes immunisé contre les injures d'un sort injuste. Percevez la paix tranquille et les bienfaits dont Dieu, la mère Azna, Jésus, et l'Esprit saint vous comblent.

À partir d'aujourd'hui, ayez la paix du cœur, et tentez de passer le flambeau à quelqu'un. Dieu vous aime.

La clé d'or

Faites l'affirmation suivante :

— Rien ne doit me détourner de ma vraie nature spirituelle. Elle est magnifique, bénie, aimante, et remplie de bien. Renoncer à ses bénédictions serait me tourner vers l'ignorance.

Portez cette clé d'or sur vous, pressée contre votre cœur. C'est un cadeau de notre sainte mère Azna. Témoignez de ce en quoi vous croyez, et surtout témoignez de Dieu qui est amour. Parlez de Lui, même à ceux qui ne veulent pas entendre. Ce n'est pas que vous devez absolument les convertir, mais il faut vous efforcer de faire cesser les attaques engendrant la souffrance et la terreur qui sont entreprises au nom de Dieu. Témoigner de la beauté de votre nature spirituelle et de la vérité : voilà la clé d'or. Rien de ce que vous ne saurez jamais ne sera aussi vrai ni aussi précieux que cela.

Portez cette clé d'or et de connaissance sur vous. C'est plus qu'une clé, c'est une épée dorée. Revenez à votre vie de tous les jours, tout en sachant que vous pouvez atteindre ce sommet de spiritualité quand vous le souhaiterez. Vous pouvez revenir dans ces hauteurs sacrées, parler à Dieu, et être en Sa présence, chaque fois que vous le décidez. En aucun moment du jour ou de la nuit, Dieu ne sera fatigué ou ne se montrera moins disposé à vous recevoir. Il attend toujours que vous fassiez appel à Lui et sa demeure n'est pas seulement en vous, mais aussi à l'extérieur de vous.

Libérez-vous de ce que vous appelez péché et culpabilité, pénétrez-vous de la beauté qui réside en vous. Ainsi soit-il.

34

La bougie

Faites d'aujourd'hui et de toute cette semaine un moment spécial pour vous pénétrer de la Conscience du Christ et pour remercier Dieu le Père de sa protection. Imaginez une bougie diffusant la lumière, l'infusion, l'éclat, et la bonté et la grâce de Jésus, se répandant dans chaque partie de votre cœur et de votre âme. Visualisez-vous parcourant cette route poussiéreuse sur laquelle Jésus a marché, transmettant son message et prodiguant amour et bonté. Ressentez l'amour attentionné qu'Il éprouvait pour ses frères humains.

Autour de la lueur de la bougie se forme un halo, dans lequel viennent brûler toutes les inquiétudes que vous avez par rapport à vous-même et à votre famille : santé, argent, voiture, et ménage, tout ce qui vous cause du souci. Laissez aller toutes ces préoccupations, car tout passe comme dans un rêve. Pourquoi ne faites-vous pas en sorte que ce rêve soit agréable ? Pourquoi ne riez-vous pas des injustices de la vie ?

Vous vous sentez renaître, et vous décidez de vous aimer plus que tout. Calmez votre impatience et prenez conscience que la véritable raison de votre existence est de faire l'expérience de Dieu.

Imaginez maintenant un arc-en-ciel se répandant sur vous : le vert de la guérison, le doré de mère Azna, le violet de la spiritualité, et la lumière blanche rayonnent sur vous. Vous méritez tout l'amour que vous éprouvez pour vous-même. Mettez un terme aux jalousies mesquines et aux préoccupations. Pardonnez les blessures qu'on vous a infligées, et prenez conscience que tout cela fait  partie de la vie, car nous avons un corps de chair. Pardonnez-vous tous les manquements dont vous croyez vous être rendu coupable.

Priez pour demeurer dans le droit chemin, maintenant que vous avez pris la main de Dieu. Abandonnez-Lui vos anciennes habitudes de conduite. Confiez-les-Lui, car Il est tout-puissant et immuable, et constamment présent pour nous. Ainsi, vous ne serez plus jamais seul, car votre paix intérieure vous accompagnera toujours. La bonté jaillit en vous, emportant toute votre souffrance et vos peurs. Demeurez dans cette lumière, et chaque jour de cette semaine, essayez de faire pour vous quelque chose qui soit désintéressé. Car, si vous vous portez un amour véritable, vous pourrez aimer les autres. Et, ils le percevront.

35

Que l'esprit circule
en vous

Entourez-vous de lumière blanche ; recouvrez cette bulle d'une lumière dorée, et ensuite d'une lumière violette. Protégé par ces sphères de couleurs, respirez et laissez aller toute trace de négativité. Instantanément, ces sphères de lumières blanche, dorée et violette nous mettent en contact avec la divinité, avec notre être ayant Dieu pour centre, et avec Dieu que nous aimons et servons, et qui nous porte gentiment dans le creux de sa main.

Percevez l'amour traversant ces bandes de couleurs, vous pénétrant directement au cœur, faisant son chemin jusqu'à votre esprit et vous libérant de la culpabilité. Dites : — Je me pardonne, même si vous ne croyez pas avoir quelque chose à vous pardonner. Accomplissez cela, car, au cours des siècles, on vous a fait porter tant de culpabilité. L'esprit de Dieu circule en vous et vous accompagne sans cesse, sans jamais vous critiquer ou porter de jugement sur vous. Priez pour qu'il en soit toujours ainsi, dans votre vie de tous les jours. Prenez soin de votre vie intérieure et de celle de vos parents et amis.

Ces bandes de couleurs se répandent maintenant à travers tout votre corps, traversant la gorge, le torse, l'épine dorsale, le système digestif, les fesses et les jambes. Ces couleurs, cet amour et ce sentiment d'avoir Dieu pour centre demeureront toujours avec vous. Vos pensées et vos émotions ne font qu'un, vous devenez insensible aux attaques de quiconque, même des vôtres. Vous avez la maîtrise totale de vous-même. Ne cédez ce pouvoir à personne, que ce soit pour obtenir le salut, l'amour, l'attention, ou le sentiment d'exister. Faites-vous la promesse de vous aimer et de prendre soin de vous. Jurez de ne plus laisser personne vous torturer ou vous donner le sentiment d'être une victime. Personne ne peut plus vous blesser désormais. Vous pouvez naturellement accomplir tout cela sans pour autant faire preuve d'indifférence, de rudesse, ou de manque d'amour. Répétez : — *Je me pardonne, je m'aime et j'ai la maîtrise de moi-même.*

Sentez l'énergie monter à travers tout votre corps, des pieds jusqu'à la tête. Vous sortez de cette méditation dans une forme absolument superbe.

36

Le festival de la lumière

Prenez conscience que votre âme s'élargit, s'étend, prend de l'expansion, et magnifie le Seigneur avec majesté. Voilà qu'elle s'élance dans le ciel. Vous sentez le vent vous caresser le visage. Plus vous vous élevez dans le ciel d'ébène, plus vous prenez conscience de la présence des étoiles minuscules vous entourant. Vous approchant plus près, vous vous rendez compte que ce ne sont pas des étoiles, mais de magnifiques entités vêtues de blanc. Les maîtres spirituels et vos êtres chers disparus viennent vers vous, des bougies allumées à la main. Vous courrez au devant de ces hôtes célestes.

Ces glorieuses entités et votre guide spirituel portent des tuniques dorées, blanches et violettes. La lueur de leur bougie allumée laisse voir leur bon visage, accueillant et souriant. Avançant davantage, vous sentez la protection dont vous font bénéficier tous les gnostiques et les vrais chrétiens qui sont maintenant dans l'Au-delà. Ils vous font participer à une synergie d'amour, et vous transmettent leur loyauté, leur expérience et la vérité.

De plus, la Reine des cieux apparaît, scintillante et brillante. Une magnifique et longue chevelure lui couvre la tête comme un mantelet éclatant. Son vêtement violet flotte dans la brise. Vous sentez que la paix et la tranquillité de Dieu vous entourent. Vous offrez votre cœur rempli de gratitude, et aussi de peines. Faites l'offrande de votre tristesse et elle s'évanouira, emportée par la flamme d'une seule de ces bougies. Les blessures d'aujourd'hui sont les pardons de demain. Elles s'enfoncent dans un puits profond. Prenez conscience avec votre âme, votre cœur et votre esprit, que votre bougie a été allumée par la Trinité.

Portez cette lumière au-dehors, et transmettez-la à tous ceux que vous rencontrez. Répandez la lumière de l'amour, et la richesse de votre croyance en une Déesse et en un Dieu qui sont aimants, et non des dieux inspirant la crainte. Ce soir, notre Dieu, aimant et immuable, nous sourit à tous.

37

Rayonner d'amour

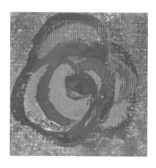

Relaxez. Détendez-vous totalement. Portez votre attention vers l'intérieur, et imaginez que votre âme s'étend, s'élève et s'élance vers le haut. Sentez l'énergie montant en vous, depuis la base de vos pieds, et vous apportant un regain de jeunesse. Vous vous tenez sous un ciel sombre, entouré par les âmes de vos êtres chers disparus et de vos protecteurs de l'Au-delà. Vous sentez leur amour et leur affection ; à votre vue, un sourire s'épanouit sur leur visage. Vous sentez leur étreinte. Ils forment un écran de protection autour de vous ; personne ne peut vous blesser. Aucune négativité ne peut vous atteindre. Aucune personne vous

souhaitant du mal ne peut pénétrer cette barrière. Cette affection et cet amour vous portent ;
vous sentez que vous êtes plus fort que jamais
auparavant.

Vous allez maintenant transmettre aux
autres cette force et cette vigueur vous
habitant. Vous allez rayonner d'amour et
d'affection pour tous ceux qui, ce soir, ont
besoin d'espoir et d'assistance. Comme je
le dis à mes disciples, rayonnez d'amour, et
quelque part, dans quelque coin obscur du
monde, quelqu'un, sans même en connaître l'origine, recevra cette étincelle d'amour
qu'émet votre bougie. Tous ensemble, allu-
mons nos bougies, et, partout où nous irons,
nous créerons un faisceau de lumière si grand,
qu'il purifiera le monde.

Portez attention à cette force d'amour et
de guérison palpitant dans tout votre corps ;
vous recevez de l'amour et vous rayonnez
d'amour. Sentez cette vibration vous parcourant et la guérison qu'elle vous apporte. Puis,
revenez à votre état de veille habituel. Chaque
jour de cette semaine, faites quelque chose de
désintéressé. Que vos actions autant que votre
foi soient porteuses de guérison pour les autres.

Dieu vous aime. Moi aussi.

38

Un chemin bien fréquenté

Priez pour que la puissance de la Déesse-mère, de Dieu le Père, du Saint-Esprit, et de la Conscience christique vous enveloppent. Imaginez maintenant que vous marchez dans un champ de fleurs éblouissantes. Le vent souffle. Tandis que vous marchez, vous prenez soudain conscience que d'autres marchent à vos côtés. Certains courent derrière vous, d'autres vous côtoient, d'autres vous ont dépassé et marchent devant vous ; certains se tiennent la main, d'autres ont pris la vôtre. Vous cheminez ensemble, heureux, savourant la douceur et la beauté de ce jour, impatients de savoir où cela vous conduira.

Le jour avance, le soleil monte haut dans le ciel, puis se met à descendre. Vous remarquez que les gloussements, les rires et les bruits de pas ont diminué autour de vous. Vous jetez un regard alentour. Est-ce votre imagination, on dirait qu'il y a moins de monde que plus tôt. Eh bien ! vous pouvez vous méprendre ! Le soleil descend à l'horizon, et la beauté semble se dissiper, néanmoins, vous êtes déterminé à poursuivre. Il fait sombre maintenant, et vous êtes totalement seul. C'est terrifiant, mais vous savez que Dieu, et votre guide, quoiqu'invisibles, sont à vos côtés. Vous marchez seul ; il n'y a personne à qui vous pourriez ouvrir votre cœur, ou pour vous tenir compagnie.

Puis, dans la pénombre, comme en une image holographique, des gens se joignent à vous. D'abord, vous ne percevez que leur ombre, puis vous sentez qu'on marche à vos côtés. Ce ne sont peut-être pas les personnes que vous auriez choisies pour vous accompagner : peut-être sont-ils étrangers les uns pour les autres, et pour vous ? Néanmoins, quelque chose dans les regards, les poignées de mains, les étreintes, parle de sororité et de fraternité. Comme si, en tant que groupe, vous aviez parcouru ensemble cette route pendant des milliers d'années, et alliez continuer à le faire.

Vous sentez la paix venir vous habiter, comme si, sur le plan spirituel, vous reveniez à la maison. Toute la souffrance disparaît, et toutes les paroles blessantes prononcées étourdiment à votre intention s'effacent. Pardonnez à ces personnes qui vous ont fait mal et lâchez prise. Poursuivez votre route, éclairé par la lumière dorée du Christ et de la Conscience Dieu descendant sur vous. Demeurez dans cette lumière toute la semaine, et même pour toujours.

Un engagement envers Dieu

Entourez-vous de lumières de couleur. Commencez par le vert émeraude ; posez par-dessus la magnifique lumière violette d'Azna. Puis, ajoutez la lumière dorée de la Conscience du Christ, et une lumière blanche afin de purifier et de protéger votre âme. Portez attention à la vérité et à la droiture enracinées profondément dans votre âme.

Ouvrez votre cœur à l'amour de Dieu. Ouvrez votre âme, et laissez s'échapper l'esprit de vengeance animant notre monde d'aujourd'hui. Soyez ferme. Soyez convaincu. Soyez loyal. L'âme a besoin d'une constante vigilance. Laissez les lumières verte, violette, dorée, et blanche baigner votre âme.

Imaginez la protection de celle qui est une vraie Mère sainte pour nous, se répandre en vous. Imaginez les bras robustes de notre Père, et le souffle vivifiant de Jésus, lequel nous accompagne sur la route. Priez pour être débarrassé des conditionnements qui vous oppriment. Imaginez vos blessures se dissiper dans l'air. Grâce à l'amour de Dieu, vous accomplissez de bonnes œuvres, vous êtes prêt à aider les pauvres, et à ouvrir votre porte et votre maison à ceux qui sont dans le besoin.

Pénétrez-vous de paix, d'amour, de sainteté, et de grâce. Maintenant, votre âme s'élève vers Dieu, presque comme un courant tranquille et

purificateur. Cherchez bien dans votre esprit et drainez hors de vous toute la souffrance passée. Laissez-la aller et laissez aller tout ce que vous pensiez être péché. À la place, s'installe la rectitude de tout ce qui est bien et net. Vous vous présentez devant Dieu, libéré de toutes les chaînes de l'ignorance. Vous allez à Lui, non seulement rempli d'amour et d'émotion, mais aussi d'intelligence.

Prenez conscience de devenir un canal par lequel vous recevez directement une infusion de la Déesse-mère et de Dieu le Père. Rien ne vous sépare d'eux. Faites la promesse que dorénavant, vous allez parcourir la terre, en la purifiant, et en faisant savoir aux autres qu'ils sont bons, aimables, et purs. Dites-leur que Dieu les aime et qu'Il n'inflige pas la haine, le mal, ou la vengeance. Dieu ne rappelle pas à lui les bébés parce qu'Il est en colère. Nous ne passons sur cette terre qu'un moment, et rien dans ce moment n'est plus important que notre engagement envers Dieu.

91

Les ailes de la mère

Fermez les yeux, et élevez votre esprit et votre cœur vers Dieu. Vous allez voir Dieu le Père et la Déesse-mère, car ils sont ensemble. Azna est la sainte Déesse-mère descendant sur la terre pour apporter son assistance. Sentez son amour et ses ailes pleines de bonté vous envelopper. La colombe de l'Esprit saint, symbole de l'Église que j'ai fondée, apparaît au-dessus ; et en vous résident la conviction et la foi en la Conscience du Christ.

Demandez à Azna, à Dieu tout-puissant, au Saint-Esprit, et à la Conscience du Christ de vous libérer de la négativité, de vous en dégager, de la réduire en miettes. Priez Azna de vous entourer de ses ailes remplies d'espoir, d'amour, et d'esprit divin, et de vous protéger. Méditez le sens des paroles de Jésus : — Mère, voici ton fils. Fils, voici ta mère.

Azna, notre chère Déesse, notre mère veillant sur nous, est le symbole de la vérité et de la conscience. Elle nous accompagne au cours de notre vie ; tout ce qu'il faut faire est de lui demander son aide. Pensez maintenant à votre souhait le plus cher. Priez la Déesse-mère de vous accorder ce que vous souhaitez de tout cœur. Faites cela tout de suite.

Cette semaine, demeurez en contact avec Azna. Glorifiez-la et rendez-lui hommage. Une fois qu'Elle vous aura pris sous son aile, Elle ne manquera pas de vous aider dans tous les domaines de votre vie.

Le temple grec

Transportez-vous dans un majestueux temple de style grec. Avancez entre ses colonnes massives et ouvrez les portes. Maintenant, visualisez Jésus qui vient vers vous, percevez sa présence à votre droite. Vous voyez ses cheveux brun-roux, ses grands yeux bruns, et ses mains magnifiques qui se lèvent pour vous toucher. Il est grand et mince et il porte un vêtement blanc et violet ; une lueur dorée l'entoure. Il est accompagné d'Azna, la Mère. Ils tiennent une image d'infinité dans un faisceau de lumière. À leur gauche se tient Dieu le Père, appelé Om, avec un rayon de lumière. Voilà la véritable Trinité. Lorsque le Christ vous touche, vous percevez l'incarnation de la santé. Pénétrez dans ce cercle, accompagné de tous ceux que vous souhaitez.

Par le toit du temple, vous voyez le soleil briller à travers des vitraux. Il semble se déplacer et tourner dans le ciel, éclairant de lumière le vert, l'orange, le bleu, et l'or. Il continue de tourner, éclairant chacune des couleurs, et formant comme un kaléidoscope qui vous remplit le cœur et sanctifie votre être. Surtout, vous avez la révélation de la nature de votre intelligence, quelle qu'elle soit.

Votre désir de Dieu vous élève sur le plan divin et vous permet d'atteindre une partie de Dieu. Désormais sanctifié, vous pouvez demander une vie aisée, car vous êtes dans le droit chemin. Demandez cette faveur pour aujourd'hui et pour tous les jours à venir, et ce qui est négatif ne pourra jamais vous atteindre, même si vous y êtes confronté. La négativité ne fera pas partie de vous, mais vous composerez avec elle, comme si vous étiez protégé par une barrière de plexiglas.

Faites cette prière au nom de la Déesse-mère, de Dieu le Père, de l'Esprit saint, et de votre propre Conscience du Christ. Sortez de cette méditation en éprouvant le sentiment d'être béni, aimé, protégé, et rempli de beaucoup de grâce.

Que Dieu vous bénisse et vous garde.

Les marches d'or

Placez vos mains sur vos cuisses, paumes vers le haut. Entourez-vous des ravissantes lumières blanche, dorée et violette. Devant, vous apercevez de magnifiques marches dorées. Au loin, elles paraissent incroyablement hautes ; cependant, maintenant que vous en êtes près, vous constatez qu'elles ne sont pas trop hautes pour être franchies. Montez une marche à la fois, levant haut la jambe pour chacune.

Vos pieds étaient peut-être maculés de boue, car vous avez laissé une trace sur la première marche. Toutefois, la boue disparaît bientôt. Vous abaissez le regard sur vos pieds : ils sont maintenant propres. Ils sont éblouissants. Vous prenez conscience que votre dos s'est redressé et que vous relevez la tête.

Vous continuez à monter, une marche à la fois. Vous êtes au milieu d'une ascension qui devient difficile ; vos muscles vous font mal. Vous oubliez de lever la tête, le regard fixé sur les marches ; cependant, vous apercevez soudain Jésus qui vous attend, les bras tendus, vous enveloppant avec lui dans une éclatante lumière. La mère et le père se tiennent de chaque côté de Lui. Tout à coup, on dirait que vous avez des ailes aux pieds, et voilà que vous montez les marches aisément, une à la fois. Vous volez haut jusque dans le cœur de Jésus.

Jésus participe de l'immuabilité de notre père et de l'amour de notre mère veillant sur nous. Vous êtes entouré de cette Trinité, et l'Esprit saint apparaît, nettoyant votre cœur de toute culpabilité, de tout péché, et de toute blessure. Vous voilà maintenant fort.

Priez afin que votre cœur s'ouvre à la capacité de prendre des décisions. Demandez d'être guidé afin d'atteindre le but de votre existence. Priez pour comprendre comment cesser d'avoir peur de la mort, et comment envisager le passage dans l'Au-delà. Prenez conscience de l'amour de Dieu se répandant en vous, dissipant tous les blocages négatifs. Percevez la véritable spiritualité et la grâce circulant dans chacune de vos veines et chacun de vos capillaires. Vous êtes pardonné et revitalisé. Vous débordez du courage, du pouvoir et de la force de poursuivre. Vous pouvez accomplir ce qui doit être accompli.

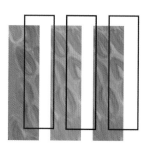

Les lignes de pouvoir

*Cette méditation est un cadeau que j'ai reçu
de ma guide spirituelle Francine, au cours d'une
séance de transe. Je l'inclus dans ce livre en raison
de l'impact considérable qu'elle peut avoir sur tous
ceux souhaitant contacter leur Conscience christique, et des bénéfices qu'ils peuvent en retirer.*

Voici une méditation pour vous. Je souhaite
vous enseigner comment accorder les lignes
de pouvoir. En ce moment, vous êtes entourés
d'innombrables guides et protecteurs. J'ignore
pourquoi il en est ainsi ; cette assemblée doit déborder de spiritualité. La pièce est remplie d'entités
spirituelles. Toute la soirée, j'ai observé leur arrivée
et je les ai vues se répandre dans toute la salle.

Mère Azna est parmi vous, et elle est en compagnie de tous les messies : Jésus, Mahomet, Bouddha, tous les prophètes et les êtres divins. Imaginez maintenant que, tout en demeurant dans cette pièce, vous allez rejoindre tous ces messies, car c'est là votre véritable place. Vous êtes des messagers directement envoyés par Dieu pour transmettre la Parole. Juste au-dessus de vous, vous percevez la présence de Dieu le Père tout puissant. Il se manifeste sous la forme d'un personnage très grand, sans barbe, avec des yeux brillants comme des diamants bleus, et une magnifique chevelure grise. Vous disposez en croix la Mère, le Père, et tous les messies.

Revenez à cette croix aussi souvent que vous souhaitez vous échapper de la société pénible et difficile à supporter. Il est toujours possible de faire l'expérience de l'union avec le Créateur, de la lumière, de l'amour, de la paix, et du lâcher-prise. L'honnêteté, la vérité, et la connaissance du pourquoi de votre existence, résident en vous. Vous transmettez la vérité, selon ce que vous dicte votre âme. Demandez à Dieu de bénir tous ceux qui sont absents présentement. Demandez-lui de répandre sa beauté, son amour, et sa guérison sur tous ceux qui vous persécutent.

Pénétrez-vous de la sainteté de ces prières. Recevez les bénédictions que je vous envoie pour vous aider à composer avec ceux qui vous blessent. Au nom d'Azna, je vous promets qu'ils cesseront de vous vouloir du mal et qu'ils vous rendront hommage. L'amour et la guérison s'infiltrent en vous.

Dans l'Au-delà, le Temple de la quiétude est de forme octogonale et il est bien décoré. Le sol semble de marbre. De plus, quand on se déplace vers le centre de la pièce, chaque bloc sur lequel on marche se met à rayonner de lumière. Un peu comme si chacun de vos pas donnait naissance à un faisceau de lumière s'élevant vers le haut. Avec les couleurs de rose, mauve, violet et vert, l'effet est très joli.

Une fois que vous avez atteint le centre de la pièce, priez pour trouver la solution de tout problème vous préoccupant. Un cristal est serti dans chaque mur de la pièce octogonale, et de tous ces cristaux émerge un faisceau de lumière se dirigeant droit dans votre troisième œil. Votre situation problématique se joue alors devant vous comme une image holographique. Vous l'observez depuis la partie élevée de votre être.

Vous voyez les nombreuses possibilités de règlement de la situation vous préoccupant. Vous pouvez en programmer la conclusion exactement comme vous le désirez. Si vous êtes très calme, vous verrez des solutions qui jusqu'ici vous échappaient. Par exemple, si vous n'obtenez pas cet emploi que vous pensez souhaiter, quelle direction allez-vous choisir ? Si vous ne parvenez pas à vous entendre avec une certaine personne, demandez à Dieu de vous montrer quels sont vos choix. Demandez que les possibilités apparaissent jouées devant vous comme sur un écran de cinéma. Choisissez celle convenant le mieux à la partie élevée de votre conscience.

Cela peut aussi souvent s'avérer bénéfique de voir le pire en train de se jouer sous vos yeux. Cela peut vraiment vous aider à chasser la peur et à trouver la maîtrise de vous-même. Vous pouvez reconstruire la situation afin qu'elle se termine comme vous le souhaitez. Cela fait partie du plan divin global.

L'œuf de la mère

Fermez les yeux et prenez une bonne respiration. Imaginez que vous êtes dans un œuf doré, dans un ovule doré. Un courant violet entoure cet œuf, comme si c'était un œuf de Pâques. Vous êtes assis, jambes croisées, dans cet œuf palpitant autour de vous, le pouce et l'index des mains réunis pour former un cercle parfait. Avec vos mains, vous faites le geste que font les prêtres lors de cérémonies de communion. À cause du cercle qu'il fait intervenir, ce geste est d'une grande puissance en toutes situations. Accomplissez-le quand vous êtes dans une situation qui vous cause de la tension. Imaginez maintenant que l'air que vous respirez est vert et qu'il apporte à vos organes guérison, énergie, spontanéité, et revitalisation.

Au-dessus de votre œuf, se trouve Mère Azna avec son manteau de protection, comme toujours d'une puissance magnifique, d'une gloire superbe, et répandant sa lumière dorée. Cet œuf est le symbole de sa puissance. À l'intérieur de celui-ci, vous êtes totalement protégé.

Les maîtres spirituels entourent cet œuf. Visualisez-les en sachant que vous créez un univers imaginaire autour de vous. Voyez ces grands personnages, à la chevelure blonde, vous protégeant et prenant leurs ordres directement de Dieu ; ils vous entourent et vous transmettent de petits signaux électriques.

Vous êtes dans l'œuf ; néanmoins, à l'extérieur, vous pouvez voir Mère Azna déployer son grand manteau et ses bras formant ainsi des ailes pour vous abriter. Dorée et magnifique, Elle peut accomplir tous les miracles qu'Elle souhaite. L'espace autour de vous déborde de la lumière s'échappant de son manteau. Elle donne l'amour et accorde le pardon à tous ; Elle comprend toute difficulté à pardonner que vous avez. Elle vous donne la totale autorisation d'être qui vous êtes.

La musique et les couleurs

Vous sentez les rayons du soleil briller sur vous. Vous êtes enveloppé par notre Père céleste, et Mère Azna vous accompagne, brandissant son épée dorée et éloignant de vous tout mal. Imaginez que les canaux de votre esprit s'ouvrent grands et clairs. Vous retournez en arrière à ce qui semble l'époque où nous étions tous des gnostiques habités de pure connaissance et de foi, sans autorités dogmatiques pour nous dicter nos croyances.

Le ciel vous envoie un crescendo de couleurs. On dirait que les couleurs et les sons possèdent une existence propre, et se répandent en vous. Vous faites l'affirmation suivante : — La musique de mon âme répond à l'appel de la divinité. Grâce aux sons et aux couleurs, ma spiritualité atteint de nouveaux sommets, et je suis en paix.

Vous débordez désormais de courage, de force et de persévérance ; toutes les tracasseries et les soucis matériels de votre vie se sont envolés. À partir de maintenant et pour toujours, votre âme ne sera plus jamais séparée de Dieu, car elle a été touchée par la grâce divine, laquelle demeurera éternellement avec vous.

47

Aller de l'avant

Éprouvez la sensation de la brise caressant votre visage et sentez la chaleur du sable sous vos pieds. Pensez à tous les soucis qui vous préoccupaient avant votre arrivée ici ; voyez comme ils ont peu d'importance maintenant. Vous vous tenez devant Dieu ; vous êtes ensemble tous les deux. Comme l'écrivait Cyrano de Bergerac de sa plume blanche immaculée, « tout est parfait ».

En présence de Dieu, votre être profond se manifeste et vous indique le chemin à prendre. Vous savez dorénavant ce qu'il faut faire pour aller de l'avant dans votre vie.

Si vous vous roulez dans une ornière, semez des graines. Si vous vous trouvez dans une haute colline herbeuse, tondez la pelouse. Et, si vous êtes au sommet désert et stérile d'une montagne, criez votre amour de Dieu. Votre appel sera entendu dans l'espace, et dans l'univers.

Sentez s'éloigner de vous tous vos soucis, votre fatigue et vos tracas inutiles. Sachez que nous sommes continuellement ensemble en esprit et dans notre cœur. Vous êtes ma raison d'être. Personne n'est jamais seul. Il se peut que nous ne voyions pas ou ne percevions pas ces entités aimables et attentionnées qui nous entourent en tout temps, cependant, notre esprit sait qu'elles nous accompagnent sur la route, maintenant et toujours, et qu'elles guident nos pas.

Dieu vous aime, et moi aussi.

48

Une fenêtre sur l'Au-delà

Fermez les yeux et respirez profondément. Imaginez qu'une lumière dorée vous entoure. Celle-ci est recouverte d'un œuf d'argent scintillant. Un prisme de lumière le traverse et le fait briller comme une opale iridescente. Assis en position du lotus, vous vous blottissez à l'intérieur de cet œuf. Autour de vous, le prisme de lumière change de couleurs, passant du doré, au vert, au bleu, et à différents tons de violet. Vous voilà baigné de violet, la couleur de la spiritualité. Sentez cette lumière se répandre dans toutes les cellules de votre corps.

Toujours en position du lotus, vous levez le visage. Les rayons de lumière violette et dorée dardent sur vous ; vous vous levez et étirez vos membres. Vos bras se déploient à leur pleine grandeur. Soudain, à côtés, apparaissent les visions de Azna, notre Mère, et de Om, notre Père, vous bénissant et vous envoyant leur amour. Devant vous, une ouverture se forme dans l'œuf iridescent et devient une fenêtre.

Par cette fenêtre, vous apercevez les vertes collines de l'Au-delà. Vous distinguez les majestueuses prairies du pays d'après, baignées d'une magnifique lumière rose. Tous vos chers disparus s'approchent alors de la fenêtre, et viennent vers vous. Vous ne pouvez encore les rejoindre, mais vous leur tendez la main à travers la fenêtre et touchez ceux dont vous avez été séparés. Vous voyez leur visage et percevez l'amour qu'ils vous portent. Voyez comme ils sont attentionnés ! Ils vous attendent, car vous serez ensemble éternellement dans l'autre vie. En partageant cette réalité avec vous, ils vous donnent la grâce.

Cette image se dissipe ensuite pour être remplacée par celle du magnifique œuf opalescent vous entourant et vous protégeant. Je souhaite que cet œuf demeure avec vous pendant toute la semaine qui vient. Vous n'ignorerez pas les choses que vous préférez ne pas voir, mais, pendant un temps, vous resterez isolé en vous-même pour guérir vos blessures. Plus tard, vous briserez votre coquille. Restez-y enfermé pendant une semaine, afin de permettre à votre âme de grandir dans ce cocon. Vous aimez et donnez encore, cependant, personne ne peut vous blesser, gâcher vos idéaux, ou briser la réalité de votre être. La guérison s'installe tranquillement en vous, vous n'êtes plus jamais seul.

49

La renaissance

Jésus s'approche de vous et vous enveloppe de ses bras. Et la Déesse-mère est présente portant son épée magnifique et son bouclier. Naturellement, Dieu le Père est aussi à vos côtés, comme Il l'est et le sera toujours. Vous sentez l'amour de la Trinité vous submerger, vous élever, vous envelopper, vous protéger avec bonté. Pendant quelques moments, vous vous sentez presque perdu dans la beauté qui vous entoure ; des faisceaux de laser étincellent partout sur votre corps, et le traversant, vous purifient de toutes maladies ou déficiences.

Le miracle de votre renaissance a commencé. Vous voilà maintenant miraculeusement imperméable aux forces des ténèbres. Votre humeur chagrine se rassérène, et la chape de plomb de la détresse vous accablant se dissout dans la lumière. À l'avenir, vous allez maintenant fonctionnerez parfaitement au travail, car, votre pensée s'éclaircit et vos habiletés se développent. Cela vous donne une petite idée de ce qu'est la vie dans l'Au-delà.

Aujourd'hui, saisissez l'épée de la droiture et de la vérité. Elle vous aidera à passer la semaine qui vient, et par la suite, toute votre vie. Intérieurement, répandez de la lumière sur tous ceux que vous avez connus, et même sur ceux qui vous ont fait du tort. Dieu sait que c'est difficile, néanmoins répandons la vérité sur ce qu'est la vraie nature de ce monde.

Priez pour cela en votre Conscience christique et au nom de la Déesse-mère et de Dieu le Père. Voilà maintenant que l'énergie s'élève dans votre corps, depuis les pieds jusqu'à la tête. Faites l'affirmation suivante : — Je suis la vraie lumière dans un désert isolé, éclairant tous ceux qui m'entourent.

50

L'arbre
de
connaissance

Vous êtes dans un champ. Vous avez chaud, quoique le temps est couvert et que le vent souffle. Il n'y a rien dans ce champ hormis, à votre droite, un arbre magnifique. Le vent devient un peu plus frais ; vous vous dirigez vers l'arbre au tronc, massif et fort, et aux branches déployées.

À mesure que vous approchez, vous sentez l'énergie se dégageant de cet arbre. Vous tenant sous lui, comme il n'y a personne dans les environs, vous ne résistez pas à l'envie de l'étreindre et de le serrer dans vos bras. Tout à coup, cet arbre, reconnu depuis toujours comme l'arbre de la connaissance, devient comme électrisé. Vous avez l'impression que ses rameaux vous enveloppent. Les branches, le tronc et les feuilles disposées en spirale montent droit vers Dieu. Et, vous savez que vous pouvez vous fondre à cet arbre de la connaissance et vous mettre à la recherche de votre propre vérité : ce sera la plus magnifique recherche que vous n'aurez jamais faite, la recherche de votre nature spirituelle. Laissez tomber tous vos « trucs » : ainsi, le sentiment qu'il vous faut être pauvre, ou humble, ou démuni.

Vous ne demandez rien de plus que de pouvoir simplement subsister spirituellement. Vous avez les réponses à toutes vos questions car, maintenant, vous êtes suffisamment calme pour les entendre, suffisamment calme pour être réceptif. Dans votre méditation, vous descendez profondément en vous jusqu'à entendre la voix de Dieu. Selon ma guide spirituelle Francine, il est tragique que des gens ne croient pas que Dieu a une voix, car, ils ne prennent jamais la peine de l'écouter.

Sentez la grâce se répandre en vous. Sortez de la méditation. Vous êtes dans une forme absolument magnifique, vous vous sentez mieux que jamais. Vous éprouvez un sentiment de complétude.

51

La méditation sur les vies antérieures

Cette méditation est tirée du livre My Life avec Sylvia Browne, dont l'auteur est mon fils médium, Chris Dufresne.

Détendez-vous. Concentrez-vous sur votre respiration. Détendez vos pieds, vos chevilles, vos mollets, vos cuisses, tout votre corps. Quand vous sentirez totalement détendu, remontez dans le temps, à l'époque, disons, où vous aviez vingt ans, où à toute autre époque dont vous pouvez aisément vous souvenir. Revenez ainsi en arrière, de dix ans en dix ans, portant votre attention sur des événements particuliers, peu importe leur importance. Remontez ainsi jusqu'au moment de votre conception. Puis, priez pour traverser le couloir du temps et retrouver un passé vous appartenant. Le couloir que vous empruntez est blanc, et vous vous voyez baignant dans une lumière violette. Imaginez maintenant que vous êtes devant une carte du monde. Le nom d'un endroit vous saute aux yeux. Même si cela vous semble excessif, suivez votre première impression. Le mot imagination n'a pas sa place ici. Soyez attentif aux premières impressions que vous avez en réponse aux questions :

— Suis-je homme ou femme ?
— Suis-je jeune ou vieux ?
— Où est-ce que j'habite ?
— Suis-je riche ou pauvre ?
— Quel est mon nom ?
— Y a-t-il quelqu'un qui m'accompagne dans cette vie passée que je connais dans cette existence présente ?
— Quel est le plan de ma vie ?
— Qu'en ai-je appris ?
— De quelles maladies est-ce que je souffre ?
— Comment suis-je décédé dans cette vie passée ?

Posez-vous toutes les questions auxquelles vous pensez, et continuez l'expérience avec les réponses que vous obtenez. Prenez note mentalement de vous rappeler plus tard ce voyage, et écrivez-en les détails dans un journal. De plus, quand vous revivez cette vie passée, priez afin que tous les souvenirs négatifs inscrits dans vos cellules et que vous pourriez avoir transportés dans cette vie-ci soient dissous dans la lumière blanche de l'Esprit saint. Inversement, priez pour que tous les souvenirs positifs s'inscrivant dans vos cellules durant cette vie soient préservés dans vos vies futures. En outre, ajoutez à votre prière qu'aucun médecin ne pourra guérir les maux dont vous souffrez, vous devrez ainsi prendre, et prendrez, la responsabilité de vous en occuper.

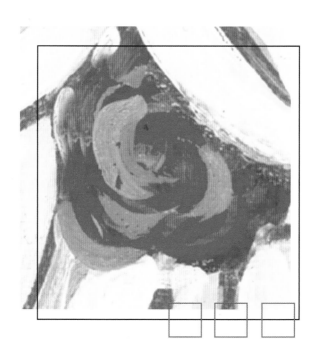

52

Les rites d'automne
de Chris Dufresne

Détendez-vous complètement et entourez-vous de lumières blanche, dorée et violette. Entrez en contact avec l'intelligence de Dieu. Maintenant, en expirant, retournez en arrière, à l'époque d'une vie passée, il y a très longtemps, quand nous étions tous des gnostiques du groupe Qumran. Les femmes portent des vêtements de lin fraîchement lavés, et les hommes sont vêtus de blanc cassé ou de couleurs sombres. Nous nous réunissons sur un petit monticule herbeux au milieu du désert, devant une statue de mère Azna, grossièrement sculptée par nos artisans. La possession d'une telle statue représente un danger en soi, car certaines personnes de l'extérieur considèrent que c'est de l'idolâtrie. Néanmoins, nous assumons courageusement nos croyances ; parce que Azna nous a choisis, nous sommes la lumière brillant dans le désert et dans notre vie d'alors.

Dans nos vêtements grossiers, des sandales aux pieds, portant des paniers de nourriture, nous allons le cœur rempli de prières. Nous souhaitons être loyaux, et pouvoir partager tout ce que nous sommes. Comme nous approchons de notre destination, nous sentons une fraîcheur s'installer. Le ciel se couvre de nuages et une légère pluie commence à tomber. Cependant, mère Azna n'est pas en train de pleurer, Elle asperge nos têtes d'eau bénite. Chaque goutte de pluie mouillant nos visages nous apaise et nous apporte la bénédiction. Nous sommes consacrés ; nos souffrances et nos soucis se dissipent comme si nous formions tous un seul être, et nous sentons notre poitrine se gonfler de courage. On dirait que la statue dans sa grande beauté prend vie et s'anime. Azna descend de son piédestal et nous tend ses bras magnifiques. Elle trempe le doigt dans un calice doré contenant de l'huile et oint chaque personne de l'assemblée. Faites la prière suivante :

— Mère, faites que ma ferveur demeure constante, et que j'agisse toujours selon mes convictions profondes. La douce brise vous caressant le visage est comme une consécration ; ressentez le pardon qu'accorde Azna.

Pour les anciens Qumrans, comme pour nous, cette consécration signifie qu'Azna vous a marqué : c'est probablement le plus splendide cadeau que vous n'avez jamais reçu. Azna se tient devant nous, ses yeux magnifiques brillant en direction de tous ceux qui prient pour la voir, et des miracles se produisent constamment. Personne n'est en mesure de tout pardonner ; c'est pourquoi il faut demander la bénédiction de notre mère pour ceux qui souffrent et ceux à qui nous ne pouvons pardonner. Laissez-La voir vos défauts. Allégez les souffrances autour de vous en donnant du réconfort ou de l'argent. Aidons ceux que nous aimons à supporter le chagrin, et aidons-nous les uns les autres à cheminer dans la vie. Vous êtes consacré : la force et l'abondance remplissent votre cœur.

À propos de l'auteure

Des millions de personnes ont vu à la télévision
Sylvia Browne dans des émissions comme
Montel, *Larry King Live*, *Entertainment Tonight*,
et *Unsolved Mysteries* et ont pu se rendre
compte de ses incroyables pouvoirs parapsy-
chiques ; elle a aussi fait l'objet d'article dans
Cosmopolitan et *People*, et dans d'autres
médias nationaux. En tant que médium, ses
lectures tombant juste ont aidé la police
à résoudre des crimes, et elle étonne les
auditoires partout où elle apparaît.

• • •

Pour obtenir une copie
de notre catalogue,
communiquez avec :

AdA

1385, boul. Lionel-Boulet
Varennes, Québec
J3X 1P7
Téléc : (450) 929-0220
info@ada-inc.com
www.ada-inc.com

Pour l'Europe, voici les coordonnées :
France : D.G. Diffusion Tél. : 05.61.00.09.99
Belgique : D.G. Diffusion Tél. : 05.61.00.09.99
Suisse : Transat Tél. : 23.42.77.40

www.AdA-inc.com
info@AdA-inc.com